CRESCITA PERSONALE

Filippo Ongaro

Vivere a pieno

Scienza e pratica per raggiungere salute, prestazione e felicità

ROI EDIZIONI

Via G. Carducci 67, 62100 Macerata
email: info@roiedizioni.it

Design copertina: Margherita La Noce
Fotografia in copertina: Longjourneys/Shutterstock

Prima edizione: giugno 2017
Prima ristampa: luglio 2017
Seconda ristampa: agosto 2017
Terza ristampa: dicembre 2017
Quarta ristampa: settembre 2018
Quinta ristampa: dicembre 2018
Sesta ristampa: giugno 2019

ISBN 978-88-85493-00-1

Sommario

Vivi la tua vita in maniera tale che la paura della morte non possa mai entrare nel tuo cuore. Non attaccare nessuno per la sua religione; rispetta le idee degli altri, e chiedi che essi rispettino le tue. Ama la tua vita, migliora la tua vita, abbellisci le cose che essa ti dà. Cerca di vivere a lungo e di avere come scopo quello di servire il tuo popolo. Prepara una nobile canzone di morte per il giorno in cui ti incamminerai verso la grande separazione. Rivolgi sempre una parola o un saluto quando incontri un amico, anche se straniero, in un posto solitario. Mostra rispetto per tutte le persone e non umiliarti davanti a nessuno. Quando ti svegli al mattino ringrazia per il cibo e per la gioia della vita. Se non trovi nessun motivo per ringraziare, la colpa giace solo in te stesso. Non abusare di niente e di nessuno, perché farlo cambia le cose sagge in quelle sciocche e priva lo spirito delle sue visioni. Quando arriverà il tuo momento di morire, non essere come quelli i cui cuori sono pieni di paura: quando arriverà il loro momento essi piangeranno e pregheranno per avere un altro poco di tempo per vivere la loro vita in maniera diversa. Canta la tua canzone della morte e muori come un eroe che sta tornando alla casa.

TECUMSEH
Grande guerriero e capo della Nazione Shawnee
(1768-1813)

Introduzione

La qualità di un'esistenza si capisce in modo compiuto solo alla sua fine. Questa potrebbe essere una grossa fregatura. Quando ti volti indietro e realizzi che avevi una sola chance e che te la sei giocata, non c'è purtroppo più nulla da fare. Ecco perché è fondamentale arrivare presto, il prima possibile, a capire come vivere al meglio.

Tutto dipende dalle nostre scelte nel corso dei giorni e degli anni, dalle decisioni che prendiamo o che evitiamo di prendere.

Questo libro ha la funzione di fornirti una serie di strumenti pratici e operativi per portarti a questo obiettivo. Strumenti che ho imparato sulla mia pelle, che ho studiato e che ho avuto modo di utilizzare su migliaia di pazienti e persone in genere nel corso degli anni. Strumenti che derivano in buona parte dalle mie esperienze lavorative e cliniche con astronauti, militari d'élite, atleti e manager di altissimo livello.

Sì, perché da anni non mi limito a visitare e prescrivere cure preventive ma tento, con ogni persona, di raggiungere un nuovo livello di consapevolezza e di prestazione psico-fisica, di andare oltre i limiti di una errata gestione di sé per far raggiungere a tutti il massimo del loro potenziale.

Ogni persona infatti può imparare a migliorarsi, ognuno di

noi può riuscire a raggiungere i propri obiettivi, che siano di salute o di vita in generale, se in possesso degli strumenti giusti. E certamente tra questi strumenti spicca per importanza la conoscenza di sé. Centrale nella cultura greca, è l'idea che non si possa creare una vita di valore senza un'approfondita consapevolezza di chi siamo, di che cosa vogliamo dalla vita stessa e, ancora di più, di che cosa possiamo dare e di come possiamo arricchire quelli che incrociamo lungo il nostro cammino e quindi il mondo in senso lato.

Abbiamo perso questa abitudine di ricercare l'equilibrio interiore. In un'epoca in cui siamo dominati dalla fretta, dal multitasking, dalla pressione costante di notizie negative, le nostre reazioni emotive interne non possono che essere tendenti all'ansia, alla tensione, alla negatività e perfino, a volte, al panico. Siamo spugne che assorbono tutto dall'ambiente, come da piccoli, così anche da adulti. Però possiamo adattare la nostra risposta e imparare a modulare il risultato finale rispetto all'ambiente a cui siamo esposti.

Questa "modulazione" non avviene per caso, non è frutto della fortuna o della genetica. Si realizza favorevolmente solo se siamo in grado di portare a termine un lavoro su noi stessi, un lavoro finalizzato alla creazione di un'architettura interiore idonea a vivere la vita a pieno.

Questo lavoro è il centro del percorso di formazione dei top perfomers ma è, in misura ancora maggiore, il lavoro che ha caratterizzato lo sviluppo spirituale dell'uomo e che si manifesta così bene in persone come Madre Teresa di Calcutta, Gandhi, Mandela, Martin Luther King, insomma quei personaggi che sono rimasti nella storia per la loro passione, per il loro altruismo e per il coraggio di arrivare alla morte per un ideale in cui credevano.

Questo tipo di persone, partendo da un'approfondita conoscenza di se stessi, imparano a esercitare spontaneamente e senza sforzo un elevato grado di controllo sulle proprie risposte interne e quindi sui comportamenti esterni, in maniera quasi indipendente dalle circostanze.

A volte gli esseri umani sono capaci di cose eccezionali. Gesti eroici, scelte incredibili, azioni di vero coraggio in guerra, per salvare qualcuno, magari uno sconosciuto, oppure per salvare se stessi.

Chi ha visto il film *127 ore* ha ben chiaro di cosa sto parlando. È la storia vera di un rocciatore americano di ventisette anni, Aron Ralston, che è vittima di un incidente e rimane incastrato con il braccio destro sotto un masso. Passa in questa condizione cinque interi giorni, 127 ore appunto, riprendendo gran parte del suo calvario con una telecamera digitale.

Disidratato e stremato, Ralston è convinto di morire, ma in fondo al cuore il suo desiderio di sopravvivenza prevale e lo porta a trovare la forza sovrumana di amputarsi il braccio per liberarsi. Taglia pelle, fasce muscolare e nervi con un coltellino da campeggio, ma arrivato all'osso capisce che così gli sarà impossibile farcela. Ma non molla. Decide di fare leva sulla roccia per spezzare l'osso di netto e ci riesce. Liberatosi percorre a piedi ancora dodici chilometri per uscire dalla gola in cui si trovava, fino a quando non incontra due escursionisti in grado di chiamare l'elicottero di salvataggio. Aron Ralston ce l'ha fatta e oggi continua a scalare le montagne che ama grazie ad un arto artificiale. È una storia incredibile e per certi aspetti anche agghiacciante. Ma ce ne sono molte di simili. L'essere umano ha risorse nascoste di potenza, controllo, concentrazione, forza e resistenza, che gli permettono prestazioni straordinarie ed incredibili.

In un mondo sempre più colorato e luccicante, ma sottile e fragile come un foglio di carta, non possiamo che diventare affilati e precisi come un tagliacarte per trovare la nostra strada. In un territorio sempre più ricco di ostacoli non possiamo che essere inarrestabili come l'acqua che tutto avvolge e tutto supera.

Ma per attingere a tutte queste risorse occorre conoscere il codice segreto per aprire la cassaforte: come impostare un lavoro che rafforzi la nostra architettura interiore. È da qui che inizieremo il nostro percorso.

Vivere a pieno

Vivere la vita a pieno

Tutti lo vogliono ma in pochissimi riescono davvero a farlo. Ognuno di noi vuole arrivare a finire i suoi giorni soddisfatto, sereno, con la sensazione di aver portato a termine la propria missione sul pianeta Terra. Siamo tutti più o meno consapevoli che la vita non andrebbe vissuta come il semplice passare del tempo alla meno peggio, ma come un incredibile dono da godere con passione fino all'ultimo istante.

Senza togliere spazio allo svago e al divertimento, il senso di missione è però la variabile che fa la differenza, il motore capace di generare vera gioia. Senza questo senso di scopo a lungo termine per la propria vita, si rischia di illudersi che l'appagamento possa derivare dalla sommatorie di piccole fughe quotidiane date da qualche aperitivo, dalle serata in discoteca o dalla vacanza da Vip che dura sempre troppo poco e magari ci lascia pure con l'amaro in bocca.

La vita andrebbe invece gestita e interpretata in modo tale da risultare completa e appagante in quanto tale, senza un bisogno eccessivo di specifiche circostanze esterne, di altri, di oggetti, di riconoscimenti.

La pienezza dovrebbe venire dal vivere stesso più che dai risultati che otteniamo, da chi siamo più che da ciò che possediamo, da quanto diamo più che da quanto prendiamo dalla vita.

Idealmente la nostra esistenza dovrebbe svilupparsi in tre fasi:

1. *fase di addestramento* iniziale per identificare la propria missione e dotarsi delle competenze per svolgerla al meglio;
2. *fase centrale* di massima esecuzione della missione;
3. *fase finale* di raccolta e di condivisione permessa dall'aver portato a termine il proprio compito.

La prima fase coincide con la giovinezza e la formazione. È la fase durante la quale la famiglia, la scuola e le esperienze di vita creano la base di competenze ritenute necessarie per affrontare gli anni successivi. È anche la fase in cui dobbiamo riuscire a capire chi vogliamo davvero essere e non solo cosa vogliamo fare, di cosa vogliamo occuparci o come vogliamo guadagnarci da vivere.

Nella società di oggi molto spesso questa fase viene dedicata solo ad una forma di educazione standardizzata ed obsoleta che prepara alla meno peggio ad un mondo lavorativo che è in via d'estinzione. Nel mondo di oggi, dove la mediocrità non ha più spazio perché scalzata da forza lavoro a basso costo resa disponibile dall'economia globale, ci servono nuovi strumenti. Oggi più che mai sono necessari passione, altruismo, senso di missione e voglia di contribuire con le proprie capacità ad un mondo migliore. In sostanza serve capire prima di tutto chi siamo, di cosa siamo capaci e cosa ci serve per fare sbocciare le capacità che giacciono in embrione in ciascuno di noi.

La fase centrale della vita è quella cosiddetta "produttiva", quella in cui lavoriamo, guadagniamo, facciamo una famiglia, investiamo in una casa. Sono gli anni più ricchi di avvenimenti ma spesso anche quelli stracolmi di stress. Le pressioni concomitanti del lavoro, dei bambini, di far tornare i conti o la smania di fare più soldi del necessario portano molte persone vicine al limite di tolleranza. Proprio gli anni in cui il motore deve esprimere la massima potenza e durata si trasformano così in un percorso a ostacoli, fatto di momenti in cui si batte in testa ed altri in cui si è del tutto fuori giri.

Il tempo in questa fase scorre particolarmente veloce, forse per via dei numerosi impegni che ognuno di noi ha. Anche se molti iniziano ad avvertire che qualcosa non va, che ci sarebbe bisogno di cambiare qualcosa, di andare più a fondo, si tende spesso a procrastinare. Manca il tempo per fermarsi un attimo a riflettere, ci diciamo da soli. E così, senza quasi accorgercene, ci troviamo alla fine anche della seconda fase della vita. Arriva la pensione nostra o di chi ci sta attorno e capiamo che il tempo è passato davvero. Non era un luogo comune dire che la vita vola via. "È successo anche a me, che peccato. Avevo tante idee, tanti progetti, tante speranze ma ora non posso che accontentarmi di quello che è stato." Questo è quello che molti mi dicono in ambulatorio. Molto spesso non è vero che non ci sia più tempo, soprattutto oggi che la vita media si è allungata così tanto, ma la percezione diventa realtà quando le lasciamo una libertà di movimento sufficiente.

Quindi proprio perché veniamo cresciuti con valori, conoscenze, sistemi educativi inadatti e superati, perché la vita produttiva la viviamo totalmente immersi e senza tempo per riflettere su nulla e perché dopo una certa età iniziamo a dare per scontato che invecchieremo come tutti gli altri, la nostra vita assume caratteristiche ben diverse dall'ideale. Allora le tre fasi sopra esposte cambiano e diventano:

1. Fase di passiva formazione, a cui non ci si deve ribellare altrimenti si diventa "ragazzi difficili" e questo non va bene.
2. Fase di totale accettazione delle regole e di esecuzione dei compiti assegnati, per diventare un perfetto anello della catena di montaggio dell'economia.

3. Fase di rassegnazione e sensazione di vuoto e di fallimento, quando ci si rende conto di aver giocato una partita seguendo le regole degli altri.

Spesso penso alla vita come ad un oceano pieno di onde e di correnti. Puoi decidere di stare a riva a guardarlo al sicuro e ad immaginarti quanto bello debba essere saltare in mezzo alle onde. Poi però, quando il tuo tempo starà per scadere, inizierai a dubitare di aver fatto bene a tenerti in disparte, a non esserti gettato nella corrente della vita. Allo stesso tempo, se decidi senza esitazione di buttarti ma non sei un esperto nuotatore, le onde e la corrente ti potranno tirare verso il basso. Solo chi impara a nuotare nella vita, a cavalcarne le onde con gioia e entusiasmo arriva alla fine con un sorriso. Quante persone non si gettano e buttano via così la loro occasione? E quante si gettano impreparate e spariscono nell'oscurità del mare? Troppe in entrambi i casi.

La soluzione sta in un addestramento, in un allenamento progressivo che porti ad essere preparati alla vita ma non impauriti, un percorso che nella nostra società viene sempre più trascurato.

La famiglia sempre più raramente è in grado di fornire quella base protettiva e di nutrimento emotivo e culturale necessaria per crescere bene. Tensioni, mancanza di tempo, litigi, separazioni, tradimenti e divorzi sono all'ordine del giorno e determinano il modello o l'esempio di adulto su cui si plasmano i giovani caratteri. Anche nelle famiglie in cui i rapporti sembrano funzionare, difficilmente si trova il tempo o si hanno le competenze per creare un percorso sensato di rafforzamento emotivo per i bambini e i ragazzi. E così ci si affida a ciò che è stato sempre fatto (come se fosse una garanzia) e alla scuola, delegando agli insegnanti aspetti che vanno ben oltre le loro capacità e la loro stessa formazione. Inoltre scuola e sanità, due aspetti centrali per la vita e lo sviluppo delle persone, sono le due aree su cui si sono abbattuti i maggiori tagli della spesa pubblica.

E così ci ritroviamo personale sempre meno pagato e motivato e strutture molto spesso in uno stato di abbandono. Del resto alla politica non interessa il nostro futuro, ma solo le prossime elezioni.

Questa complessiva perdita di punti di riferimento porta i ragazzi a rifugiarsi in mondi virtuali sempre più complessi e attraenti: internet con i suoi mille social network e chat e videogiochi sempre più realistici e violenti. Ormai non vi sono dubbi che vivere gran parte della propria vita in un mondo virtuale non porta a nulla di buono. Ci sono dati piuttosto allarmanti sull'effetto, per esempio, dei videogiochi di ruolo violenti sulla violenza tra i ragazzi e sui comportamenti aggressivi. Molti dei giovani che commettono inspiegabili omicidi di gruppo e stragi in scuole (episodi tragicamente frequenti negli Usa) sono dipendenti dai videogiochi di ruolo con i quali si sono addestrati, nel vero senso della parola, ad abbattere gli avversari con metodo e precisione, quasi fossero degli automi: per ogni ragazzo ucciso, un punto in più, questo è quello che passa per le teste svuotate da ogni emozione di questi giovani killer.

Come facciamo allora a tornare a coltivare amore, dedizione, passione, attenzione, delicatezza, disciplina, consistenza e tutto quell'insieme di valori positivi che fanno davvero la differenza nel corso di una vita?

Dobbiamo ripartire dalla base andando alla ricerca degli elementi che ci fanno davvero bene. Abbiamo un intuito sufficiente per capire questo così come, sotto sotto, sappiamo benissimo che cosa ci fa male anche se spesso non riusciamo ad evitarlo.

Nel mio lavoro ho imparato ad avviare questo percorso di rinascita psico-fisica rimettendo al centro della vita della persona tre fattori:

Figura 1 I tre cerchi del vivere la vita a pieno

1. La *salute psico-fisica*: senza la salute tutto risulta più difficile e complesso. Si tratta di un bene fondamentale che dobbiamo imparare a custodire prima che sia troppo tardi.
2. I *legami affettivi*: rappresentano il collante di una vita riuscita e una delle fonti principali di appagamento. Non ha senso essere sani ma vivere isolati o solo superficialmente connessi agli altri.
3. Il *senso di realizzazione personale e libertà personale*: essere sani, avere relazioni intense e genuine ma non realizzare i propri sogni e sentirsi ridotti nella propria libertà di espressione.

Questi sono quello che definisco **i tre cerchi del vivere la vita a pieno** (figura 1).

Ma ancora prima di poter partire per una ricostruzione della propria persona è necessario andare a scoprire chi siamo per davvero. Te lo sei mai chiesto? Ti sei mai staccato dalla frenesia della vita quotidiana per soffermarti un attimo a chiederti cosa ti piace sul serio? Per cosa batte il tuo cuore? Quali sono i tuoi valori? Prova a farlo ora con me nel prossimo paragrafo, guidato da una serie di domande chiave.

Scoprire te stesso

Erano due gli inviti presenti sul frontone del tempio di Apollo a Delfi: "nulla di troppo" e "conosci te stesso". Di entrambi non è risaputa l'origine esatta. Secondo Socrate erano frasi che derivavano dall'educazione spirituale spartana. Gli spartani sostenevano anche che "colui che suda di più in addestramento sanguina meno in guerra". In queste tre frasi apparentemente semplici sono racchiuse enormi verità. Sono le classiche idee che vengono sottovalutate e snobbate perché la reazione istintiva di tutti nel leggerle è di ritenerle ovvie e scontate. Il problema è che non basta leggerle: occorre realizzarle e lì di scontato c'è ben poco.

1. **Nulla di troppo**: sottolinea l'importanza della moderazione e dell'evitare gli eccessi, di qualsiasi natura essi siano.
2. **Conosci te stesso**: indica nella conoscenza di noi stessi e non nelle conquiste esterne la fonte della felicità e della saggezza.
3. **Colui che suda di più in addestramento sanguina meno in guerra**: dà valore alla preparazione, all'allenamento e ad una disciplinata fatica come metodo per ridurre i danni e le sofferenze che la vita ci può infliggere.

Snobbare idee come queste è una caratteristica tipica della nostra società. Abituati a guardare la vita passivamente come dei voyeur e a non metterci in gioco davvero, pensiamo che tutto sia facile e semplice. Guardiamo lo sport ma non lo pratichiamo. Idolatriamo i cuochi ma mangiamo pizze surgelate. Guardiamo i talent show perché abbiamo rinunciato a coltivare i nostri talenti. Guardiamo le soap opera perché viviamo una vita senza romanticismo o i film d'azione perché abbiamo perso di vista l'avventura o, ancora, i film porno perché la nostra vita sessuale non ci appaga.

Guardando e non agendo, tutto sembra più semplice e lineare. Ma è anche tutto finto, esterno, al di fuori della nostra anima.

Il primo passo per agire in questo senso e andare alla conoscenza di se stessi non può che essere il farsi le giuste domande e cercare dentro di sé le giuste risposte.

Sì, perché in un mondo sempre più rivolto verso l'esterno dobbiamo tornare a sentire la consapevolezza, l'intima certezza, che le risposte le possiamo trovare solo dentro di noi. Dobbiamo smetterla di rincorrere cose, oggetti, titoli, soldi e ruoli e coltivare invece il nostro mondo interiore, l'unico in cui possiamo costruire veri imperi. Le cose, gli oggetti, i titoli e i soldi verranno da noi come conseguenza del lavoro svolto su noi stessi e in queste condizioni e solo in queste saremo davvero in grado di godere dei benefici che ci regaleranno.

Nel lavoro di questi anni è stato possibile sviluppare una serie di domande che servono come avvio, come fattori d'innesco di un processo di auto-conoscenza. Le chiamo le **25 domande chiave**. Prova a rispondere in maniera sintetica e concisa ma onesta e autentica a tutte le domande. Per aiutare il processo prova a isolarti in un luogo tranquillo, chiudi gli occhi per qualche minuto e fai qualche respirazione lenta e profonda con l'addome. Questo ti metterà nello stato d'animo migliore per rispondere, ridurrà lo stress e ti metterà in contatto con il tuo subconscio.

Ecco le 25 domande chiave:

1. Cosa ti piace fare?
2. Cosa non ti piace fare?
3. In quali situazioni ti senti davvero bene e a tuo agio?
4. In quali situazioni ti senti davvero male e a disagio?
5. Se pensi alla tua vita fino ad ora come la definiresti?
6. Se potessi scegliere di vivere la vita a pieno e non avessi limiti economici o di altro genere quale sarebbe la prima cosa che cambieresti?
7. Nel processo di cambiamento cosa invece terresti così com'è?
8. Cosa vorresti di più e cosa di meno?
9. Quello che vuoi di più coincide con ciò ami?
10. Quello che vuoi di meno coincide con ciò che odi?
11. Cosa faresti subito se fossi sicuro di non fallire?
12. Cosa vorresti fare comunque anche se rischioso prima di morire?
13. Qual è il primo passo che devi fare per cambiare?
14. Qual è il primo ostacolo al compiere il primo passo?
15. Sei più impaurito del cambiamento o entusiasta?
16. Perché? (ragioni della paura e ragioni dell'entusiasmo)
17. Quale pensi sarà la situazione tra cinque-dieci anni se non cambi nulla?
18. Come vedi te stesso a ottant'anni?
19. Qual è secondo te lo scopo, la missione della tua vita?
20. Quali sono le cose positive con cui puoi aiutare gli altri e il mondo?
21. Chi sono le persone davvero di aiuto nella tua vita?
22. Chi sono le persone davvero di intralcio nella tua vita?
23. Quali sono le cose che ti fanno più paura?

24. Quali sono le cose che ti danno più coraggio?
25. Cosa vorresti che le persone dicessero di te alla fine della tua vita?

Una volta risposto alle domande dovresti avere capito qualcosa in più di te stesso ed essere in grado di estrapolare una serie di priorità e di poterle inquadrare in una delle tre aree di cui abbiamo parlato in precedenza:

- la salute psico-fisica;
- i legami affettivi;
- il senso di realizzazione e libertà personale.

A questo punto sarai pronto per il passo successivo, quello che definisce il senso del cambiamento, il valore della sfida. Per fare questo useremo una tabella molto semplice che io chiamo **tabella decisionale** (figura 2) in quanto aiuta a capire il senso e le conseguenze di una scelta piuttosto che di un'altra.

Figura 2 Tabella decisionale del cambiamento

	VANTAGGI (PIACERE)	SVANTAGGI (DISPIACERE)
CAMBIARE SUBITO		
NON CAMBIARE		

Nel compilare questa tabella devi però prestare attenzione ad alcuni fattori. I vantaggi e gli svantaggi vanno intesi non tanto in termini teorici e generali, quanto dal punto di vista personale ed emotivo. In pratica, quando pensi ai vantaggi devi intendere le cose che ti danno piacere e per svantaggi ti devi invece riferire a tutti quegli elementi che ti danno dispiacere.

Devi chiudere un attimo gli occhi e "sentire" quello che ti dice il cuore, senza sforzarti di produrre risposte razionali e ragionate. Infatti il rischio in questo caso è che non vengano fuori sensazioni tue ma precetti e indicazioni altrui: la voce dei genitori, le pagelle della scuola, le regole sociali acquisite, quello che altri pensano sia giusto per te.

Aspetti magari importanti, ma spesso essi stessi causa di rinunce e rimpianti. Qui e adesso devi ascoltare solo la tua voce, niente altro.

Cos'è la motivazione

La motivazione potrebbe essere definita come quella forza che ci rende capaci di tollerare lo sforzo necessario per raggiungere qualcosa a cui teniamo particolarmente. Si dice che una persona è molto motivata proprio quando è in grado di non mollare, di superare ostacoli e difficoltà pur di arrivare dove vuole.

Meno facile è capire esattamente cosa generi la motivazione e cosa faccia sì che alcune persone sembrino esserne naturalmente dotate, mentre altri non sono in grado di arrivare mai ad esprimerla con intensità sufficiente.

Come capita per altre caratteristiche personali positive, anche della motivazione spesso ci diamo spiegazioni poco logiche, arrivando a sostenere che chi è motivato è fatto di una stoffa speciale, ha doti e talenti che gli altri non hanno. In realtà nulla di ciò corrisponde alla verità. Tutti possiamo acquisire la motivazione giusta se esistono i presupposti. E quali sono questi presupposti? Cosa deve passarci per la testa per renderci motivati, per accendere quel fuoco della passione che ci porta a tollerare fatiche e sforzi pur di ottenere ciò che vogliamo?

Il modo più facile per capire come funziona la motivazione è riconoscere che ci deve essere una ragione, un motivo forte che ci spinge in una determinata direzione. In buona sostanza la motivazione scatta quando il peso di non fare nulla supera di gran lunga il peso di fare. In sostanza, l'insofferenza generata dalla condizione attuale deve superare la percezione di sforzo e di fatica indotta dal cambiamento. Si tratta di un gioco di equilibri e, fino a quando la bilancia non si sposta decisamente nella direzione del non accettare più la situazione attuale, non avremo sufficiente spinta per superare le difficoltà e gli ostacoli che si metteranno di traverso nel nostro cammino.

Questo meccanismo è logicamente legato alla percezione di soddisfazione personale che si ha nella condizione attuale rispetto a quella che ci si immagina di poter avere nella nuova condizione. È chiaro che l'insoddisfazione può essere un motore importante per il cambiamento, ma paradossalmente molto spesso diventa invece una trappola mortale. Questo accade quando la persona insoddisfatta cerca compenso e soddisfazione non dal cambiamento e da una nuova situazione di vita ma da fattori come il cibo, l'alcol, il gioco d'azzardo, il fumo (figura 3).

Quello di cui queste persone sono affamate è la dopamina, il neurotrasmettitore dell'appagamento di cui le persone insoddisfatte sono perennemente carenti. I cibi industriali ricchi di zuccheri, grassi o sale, le droghe e l'alcol sono fattori che generano un grande rilascio di dopamina e quindi creano molto facilmente dipendenza. Infatti la durata dell'effetto diventa sempre minore e la persona, per percepire lo stesso grado di piacere, non può che aumentare la dose e la frequenza di assunzione. Ecco perché così tante persone cascano nella trappola della dipendenza. E una volta che hai ceduto al

Figura 3 Come si innesca la motivazione

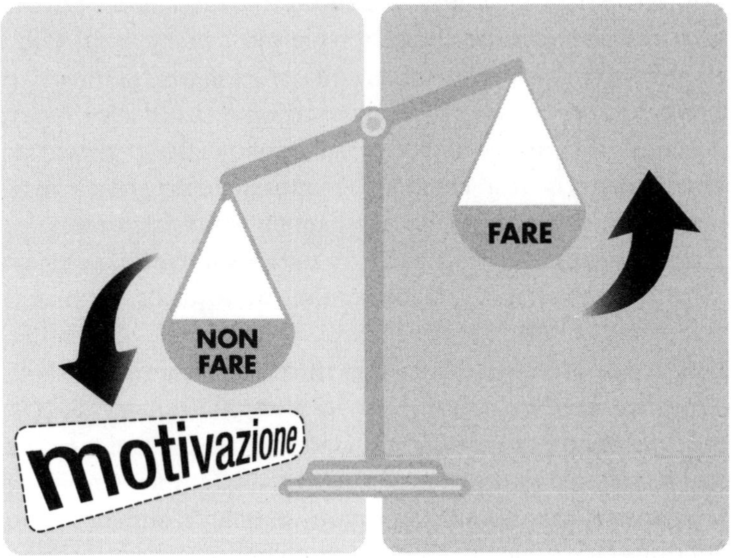

meccanismo diventa difficile sfruttare quell'insoddisfazione di base per generare una vera trasformazione. Occorre procedere per gradi partendo da una vera e propria disintossicazione emotiva per poi impossessarsi di nuovo di quel sentimento di insoddisfazione e usarlo come trampolino di lancio per il cambiamento vero. In sostanza l'insoddisfazione non va mai colmata o tamponata, ma eliminata del tutto.

Prova a chiederti come mai sempre più persone si definiscono stressate, depresse, ansiose, infelici eppure allo stesso tempo pigre, demotivate, senza scopo. Non dovrebbe essere il contrario? Non dovrebbe essere naturale, invece, che una situazione di vita inadeguata porti ad una fortissima volontà di cambiamento?

Forse sarebbe così se la nostra società non ci avesse preparato così tante trappole, specchietti per le allodole fatti per attirarci e lasciarci però a mani vuote.

Nulla serve contro questa scarsa soddisfazione se non il ricostruirsi con le proprie forze una nuova vita, una nuova versione di sé. A volte sono necessarie terapie specifiche per chi soffre di problemi patologici, ma da sole difficilmente permettono di affrontare una svolta. Certamente questo cambiamento non avviene se ci perdiamo nel cibo, nell'alcol o nelle droghe. Questi ci daranno illusori momenti di appagamento che ci allontaneranno sempre di più dal cambiamento che desideriamo.

Anzi, ci scaveremo la fossa da soli precipitando in un'insoddisfazione sempre più profonda interrotta da brevissimi momenti di illusorio appagamento.

Un altro aspetto che va preso in considerazione è il ruolo delle alleanze. Nessuno di noi vive in totale isolamento. Gli altri ci influenzano, ci condizionano e, se siamo circondati da persone che ci ostacolano, il percorso di cambiamento sarà complesso e in salita. Al contrario, se amici e familiari sono dalla nostra parte e ci spronano, il percorso sarà un pochino più facile. Quindi dobbiamo essere consapevoli di chi sono i nostri alleati, cercarli e stringere dei patti con loro, provando a limitare lo spazio d'azione di chi invece ci rema contro. Se a mettere i bastoni tra le ruote sono persone con cui non puoi o non vuoi evitare un contatto diretto, intimo e costante, devi allora trasformarle in tuoi alleati. Devi fare di tutto per portarle dalla tua parte, spiegare che hai bisogno del loro aiuto e nel fare questo sarai in grado di rafforzare anche la tua motivazione. Se riesci a convincere qualcuno a diventare tuo alleato significa che la convinzione non ti manca.

Dunque nell'avvicinarti ad un percorso di cambiamento inizia a chiederti se sei davvero motivato rispondendo a queste domande:

- Cosa non ti soddisfa della tua condizione attuale?
- Come immagini te stesso una volta intrapreso il cambiamento?

- Cosa sei disposto a fare pur di cambiare?
- Cosa ti pesa esattamente della situazione attuale?
- Quali specifici ostacoli ti bloccano?
- Perché non hai già intrapreso il cambiamento se sei così stufo della situazione attuale?
- Sei sicuro che non ti faccia comodo restare nella situazione attuale?
- Sei sicuro che non stai facendo la parte della vittima e che in fondo sia comodo non cambiare?
- Le cose di cui ti lamenti sono sotto il tuo diretto controllo?
- Quante persone frenano il tuo cambiamento?
- Quante persone facilitano il tuo cambiamento?

Una distinzione importante da fare è quella tra la motivazione iniziale e quella continuativa. Contrariamente a quello che in genere si pensa, è più facile mantenere un certo grado di motivazione nel tempo rispetto a trovare la carica giusta per partire. All'inizio infatti sarà necessario vincere la forza dell'inerzia e questo richiederà un vero e proprio sforzo e una sorta di scommessa al buio. Una volta superata questa fase, la motivazione verrà mantenuta e alimentata dai risultati stessi. Questa è la fonte principale del carburante motivazionale nel tempo. All'inizio invece, per trovare il livello di forza giusta per partire, sarà necessario ricorrere a quattro strategie:

1. **Fare un passo alla volta**: inutile fare un passo più lungo della gamba. Cerca di definire strategie alla tua portata.
2. **Puntare a stabilire abitudini e rituali e non a raggiungere risultati definitivi**: il risultato finale arriva solo se riesci a raggiungere controllo sui processi quotidiani.
3. **Creare alleanze**: le alleanze costituiscono una parte

importante del terreno emotivo in cui avverrà il tuo cambiamento. Non sottovalutare il loro peso e non sovrastimare le tue capacità.

4. **Sfruttare associazioni con abitudini esistenti**: è più facile adottare nuove abitudini facendo leva su comportamenti esistenti. Per esempio, se hai adottato un nuovo comportamento alimentare, può risultare più facile sfruttare questo nuovo atteggiamento per iniziare a fare sport.

Come esercizio...

Prova a prendere nota di almeno tre situazioni in cui nel corso della tua vita hai tirato fuori una motivazione invincibile e rifletti sul perché.

Gli obiettivi non sono tutti uguali

Darsi degli obiettivi è una cosa logica e anche raccomandabile. Senza obiettivi si naviga al buio e non si può nemmeno sapere con esattezza se si sta andando nella direzione voluta. D'altra parte però gli obiettivi possono essere anche una trappola nel momento in cui quelli che ci diamo sono sbagliati. Nella mia vita ho incontrato molte persone frustrate e sconfitte, persone che erano state condizionate negativamente da obiettivi irraggiungibili diventati come sirene che attirano verso acque pericolose.

La prima fonte di errore nella definizione degli obiettivi è non conoscere la differenza tra obiettivi di risultato e obiettivi di processo.

- **Obiettivi di risultato**: sono obiettivi legati al raggiungimento di uno specifico stato. Voglio essere promosso, voglio perdere quindici chili, voglio guadagnare tot sono tutti esempi di obiettivi di risultato. Quello che balza subito agli occhi è che questi obiettivi dipendono sempre in una certa misura da circostanze esterne al nostro controllo. Per esempio per essere promosso ci vuole ovviamente una decisione di un superiore, decisione che possiamo influenzare ma su cui non avremo mai un controllo assoluto.

- **Obiettivi di processo**: sono obiettivi legati a nostri specifici comportamenti e all'adottare un certo tipo di azione. Voglio fare al meglio possibile il mio lavoro, voglio mangiare in modo corretto sono gli obiettivi di processo connessi agli obiettivi di risultato descritti sopra. Immediatamente si comprende che in questo caso il controllo è totalmente nostro e che il raggiungimento dell'obiettivo non dipende da interventi esterni.

Gli obiettivi di processo non sono più facili di quelli di risultato, ma semplicemente dipendono in modo diretto da noi e quindi sono più facili da raggiungere. Non ci sono scuse, ma nemmeno potenziali sconfitte o frustrazioni indotte da altri e non da errori nostri.

Questo permette anche di introdurre un altro concetto, quello della responsabilizzazione personale. Se gli obiettivi di risultato non vengono raggiunti è spesso possibile trovare delle ragioni esterne o degli alibi per scaricarsi di dosso il peso del fallimento. Questo non ci libererà dal senso di sconfitta e di frustrazione e ci impedirà invece di approfondire le ragioni dell'insuccesso e di correggere la nostra strategia. Al contrario, gli obiettivi di processo rafforzano la responsabilizzazione e se non vengono raggiunti stimolano un'analisi obiettiva dell'accaduto, cosa normale in un percorso di miglioramento personale.

La relazione tra processo e risultato merita di essere approfondita ulteriormente. Focalizzare la propria attenzione sul risultato invece che sul processo sottolinea anche una tendenza a volere il beneficio senza avere chiaro in testa lo sforzo richiesto. Una persona che vuole perdere peso non può aspettarsi di ottenere il risultato senza sacrifici. Allora perché non concentrarsi solo su quei sacrifici giornalieri che dobbiamo imparare ad accettare e perfino ad apprezzare, sapendo per altro che sono essi stessi la ragione di un eventuale successo finale?

In fondo, per qualsiasi tipo di obiettivo, quello che ci viene richiesto di fare è innamorarci del lavoro che può portarci a raggiungerlo invece di concentrarci solo sui vantaggi finali. Vuoi diventare un autore di best-seller? Devi innamorarti dello scrivere. Vuoi essere nella migliore forma fisica della tua vita? Allenarti deve diventare la tua passione. Qualsiasi cosa tu desideri ottenere, devi innamorarti dell'attività capace di portarti in quella direzione.

Anche se ci viene naturale concentrarci sui risultati finali, se ci abituiamo a focalizzare la nostra attenzione sul processo, a lungo andare i risultati saranno migliori e il potenziale di percepire sconfitta e frustrazione molto minore.

Infine, va tenuto presente che il processo è molto più ricco di connotati emotivi del risultato finale. Spesso infatti il risultato ci dà una gioia transitoria e ben al di sotto delle aspettative. Siamo infatti tutti tendenzialmente vittime di un processo detto di *adattamento edonistico*: la soddisfazione che avevamo sperato di ottenere raggiungendo la meta rapidamente non ci basta più e andiamo immediatamente alla ricerca di un'ulteriore fonte di piacere.

Il processo può essere ricco anche di fatica e di emozioni negative, ma se lo facciamo davvero nostro ci darà un piacere molto più profondo, duraturo e più veritiero del semplice risultato. Prova a pensare di nuovo ad una persona che debba dimagrire di molti chili. Spesso in queste circostanze una persona si focalizza sul risultato finale, per esempio arrivare a perdere venti chili. Una volta raggiunto questo risultato potrebbe però scoprire che i chili da perdere sono di più e sentirsi improvvisamente sconfitto e deluso, al punto da buttare via il lavoro svolto fino a lì. Se invece si è concentrata sul processo e mangiare sano e fare attività fisica sono diventate davvero due abitudini piacevoli, allora la guerra sarà vinta per sempre e la persona non solo non percepirà sconfitta ma, nel tempo, arriverà a risultati molto maggiori.

Come esercizio...

Rifletti sui tuoi prossimi obiettivi e declinali in termini di processo e risultato in modo da avere chiara la differenza.

Condizionamenti e adattabilità

Condizionare significa dare a qualche cosa o a qualcuno le caratteristiche specifiche che rendono quella cosa o quella persona atta ad un determinato compito. Adattarsi ha un significato molto simile ma presuppone che vi sia una scelta consapevole dietro all'azione. Senza addentrarci in discussioni di semantica, decidiamo per un momento di considerare il condizionamento come qualcosa di indotto da altri e l'adattamento come la conseguenza di una scelta consapevole. Questo ci serve per fare un'analisi molto importante in un percorso di miglioramento personale: capire quali scelte di vita nel corso degli anni sono state determinate dalle influenze di altri e quali sono state fatte esclusivamente da noi. Non è detto che le scelte fatte sotto la spinta altrui siano negative, ma certamente potrebbero contribuire a ridurre quel senso di libertà e realizzazione personale che abbiamo considerato essere importante per vivere la vita a pieno. La vita di tutti noi è fatta di un insieme di azioni intraprese sotto la spinta di varie forze, ma ci sono dei momenti cruciali, dei bivi fondamentali che ci hanno imposto di andare a destra o a sinistra, di scegliere tra un'opzione e un'altra. Sono queste le occasioni in cui possiamo aver ceduto indebitamente alle pressioni altrui, possiamo aver messo da parte le nostre idee per dare un valore eccessivo a teorie, dubbi, suggerimenti di altri.

Prova allora ad andare alla ricerca di questi momenti, che io definisco bivi esistenziali. Riconoscerli non sarà difficile perché sono situazioni in cui una scelta diversa avrebbe portato ad una vita completamente differente. La tabella 1 qui di seguito ti sarà di aiuto, perché ho elencato le situazioni più tipiche che ho riscontrato lavorando con molte persone. Quello che tu dovrai fare è riconoscere se quella specifica scelta deriva da una tua decisione personale o, al contrario, da pressioni

Tabella 1 Identificare i bivi esistenziali e determinare il grado di autonomia nelle scelte effettuate

Bivio esistenziale	Scelta mia	Scelta di altri	Risultato ottenuto (Positivo/negativo)
Educazione e formazione			
Professione			
Compagno/a di vita			
Figli			
Hobbies			
Sport			
Abitudini alimentari			
...			
...			

esterne e se giudichi il risultato complessivo positivamente o negativamente. Ovviamente sei libero di aggiungere alla tabella altri argomenti ed episodi specifici della tua vita.

Questa tabella produce anche un ulteriore effetto indiretto: aiuta a determinare la tua percezione positiva o negativa su alcune aree fondamentali della tua vita. Magari non potrai cambiarle tutte, ma potrai gestirle in modo diverso se acquisisci la consapevolezza che esse sono dei freni o degli ostacoli al tuo sviluppo personale. Non sempre fa piacere scoprire aspetti della nostra vita che abbiamo provato a dimenticare, tuttavia la chiave del successo personale sta proprio nella capacità di non sopprimere e nascondere le difficoltà e le sconfitte ma nel capirle e adattarsi positivamente ad esse.

Adattarsi vuol dire proprio questo: sapere cambiare forma per evolversi, seguire un piano che ti porta ad un livello più alto di prestazione personale perché hai imparato a dare vita ad un'interazione diversa tra il mondo esterno e il tuo mondo interiore. Su questo aspetto vorrei che ti soffermassi per un attimo. Una vita riuscita è un po' come un puzzle fatto di alcuni elementi che rappresentano noi e altri che sono le circostanze esterne. Il puzzle riesce nella misura in cui questi elementi sono compatibili tra loro e si agganciano creando il disegno voluto. È l'equilibrio che va ricercato ma occorre tenere presente che alla fine l'obiettivo è creare la rappresentazione voluta, modesta o eccessiva che sia!

Se ne viene fuori un'altra completamente diversa o una senza senso c'è qualcosa che non va e che dobbiamo correggere. Proprio questa è la capacità che spesso ci manca: vedere se stiamo formando o meno il disegno che desideriamo dal profondo del cuore. A volte non sappiamo nemmeno che forma abbia; a volte ce lo dimentichiamo; altre volte ancora ci illudiamo che un altro disegno vada bene lo stesso, ma alla lunga scopriamo che non è così facile.

La cosa più importante che i *top performer* riescono a

adottare in questo senso è mantenere vivida nella loro mente l'immagine di ciò che vogliono creare. A volte vivono in una condizione che io chiamo di **immedesimazione positiva**, ossia pensano come se avessero già raggiunto il risultato finale ma lavorano costantemente sui processi che lo rendono possibile. È quasi come se lo sforzo fosse nutrito dall'anticipazione a livello emotivo del piacere di raggiungere il risultato. Questo atteggiamento mentale offre due vantaggi. Il primo è che mantiene viva l'immagine del risultato finale che si vuole raggiungere, anzi la ravviva ogni giorno e la rende più nitida e chiara. Il secondo è che arricchisce di energia positiva, perché è come se la persona fosse già in grado di vivere dei benefici di ciò che non ha ancora ottenuto.

Prova a rifletterci un attimo. Immaginati di sentirti già in forma anche se non lo sei ancora. Di sentirti già più magro e forte solo perché hai iniziato a nutrirti meglio. Di sentirti più rilassato già dal momento in cui diventi più consapevole.

Non credi che già solo questa positività renderebbe più facile il raggiungimento di risultati?

Scopri il tuo ikigai

Nella cultura giapponese esiste un termine, *ikigai*, che può essere tradotto come "la ragione per cui ti alzi ogni mattina". È un termine particolarmente sentito nell'arcipelago di Okinawa, zona famosa per il tasso di longevità sana dei suoi abitanti. Sono molte le ragioni che possono essere connesse con lo stato di salute ottimale che gli abitanti di queste isole hanno: la dieta, l'attività fisica, lo stile di vita complessivo con poco stress e molto contatto con la natura. Ma la variabile che gioca il ruolo principale dal mio punto di vista è proprio la cultura dell'*ikigai*, il mantenere vivo nel tempo il senso di significato da attribuire alla propria vita. Come illustrato nella

Figura 4 I fattori che creano l'ikigai

figura 4, l'*ikigai* si crea all'intersezione tra quattro aspetti fondamentali della vita che ti invito ad approfondire scrivendo alcuni contenuti tuoi personali qui di seguito:

1. **Ciò che ami:** ....
....
....
....

2. **Ciò che gli altri amano di te:** ....
....
....
....

3. **Ciò che sai fare:** ....
....
....
....

4. **Ciò che serve al mondo e che tu puoi fornire:** ....
....
....
....

Quando si crea un equilibrio personale tra questi quattro ambiti della vita, quando c'è armonia tra di loro e in sostanza tra chi siamo, come gli altri ci vedono, quello che facciamo della nostra vita e il contributo che diamo al mondo, allora ci sentiamo soddisfatti e appagati.

Già negli anni novanta alcuni studi hanno suggerito che l'*ikigai* è fortemente correlato con i livelli di salute di una persona e con la sopravvivenza a distanza di anni. Fai attenzione però: il senso di appagamento e soddisfazione non è qualcosa di riservato solo a chi fa carriera, a chi ricopre posizioni importanti o guadagna molti soldi. A Okinawa si fa una vita semplice e piuttosto povera. Il senso di appagamento deve venire dall'interno, da una percezione di missione e servizio che può essere quella di far crescere i figli e prendersi cura della casa tanto quanto quella di dirigere una multinazionale. Tutto dipende dalle prospettive con cui uno affronta i propri compiti.

Johnny, per esempio, un ragazzo con la Sindrome di Down che lavora in un supermercato, è il protagonista di una storia che ha fatto letteralmente il giro del mondo. Il suo unico compito è infilare la spesa delle persone nel sacchetto alla cassa. Un giorno Johnny sente qualcuno parlare di come si può fare la differenza nella vita degli altri attraverso i gesti quotidiani. Decide allora che ogni sera stamperà dei bigliettini con un pensiero del giorno da infilare di nascosto nella spesa dei clienti del suo supermercato. Pensieri semplici come "spero di rivederti presto", "mi auguro che ti sia piaciuto fare la spesa da noi". Poco tempo dopo, nel negozio succede l'incredibile. I dirigenti attoniti si accorgono che alla cassa dove lavora il ragazzo c'è sempre un'incredibile coda anche quando le altre sono completamente vuote. Johnny aveva fatto la differenza e aveva scoperto il suo *ikigai*. Le persone erano disposte a stare a lungo in fila pur di avere il suo bigliettino e di scambiare due parole con lui.

Come Johnny, ognuno di noi può prendere in mano la propria vita fino a darle un significato più profondo. Gli errori più comuni da evitare sono di non credere che sia possibile o di attribuire un ruolo di significato a cose effimere e fuori dal nostro controllo. Per vivere a pieno occorre capire dove sta il nostro vero potere.

Dove sta il tuo vero potere

Viviamo in una società che attribuisce valore quasi esclusivamente alle cose visibili, esteriori e manifeste. Le case, le macchine, i vestiti, i soldi in generale, i titoli, la posizione sociale. Sono tutte cose importanti per vivere bene ma raramente decisive per raggiungere una vera felicità. Il problema è questo: se si ha successo secondo i criteri classici della società occidentale ma non si ha sviluppato anche la struttura interiore, in genere si fa una brutta fine.

Fornisce maggiori garanzie di felicità una solida struttura emotiva senza il successo piuttosto che il contrario. Il mondo dello spettacolo, che porta fama planetaria e una quantità di soldi inimmaginabile, ha fatto un numero di vittime enormi. Persone che hanno tutto ma percepiscono un profondo vuoto interiore. Allo stesso tempo il mondo è pieno anche di persone che hanno poco ma sono felici. Il tuo obiettivo dovrebbe essere di fondere le due prospettive e ottenere il massimo dalla vita a tutto tondo. Vediamo assieme quali sono allora gli elementi di potere illusori e quali quelli reali (tabella 2).

Ma per permettere al vero potere di emergere e diventare preponderante rispetto alle illusioni del finto potere occorre

Tabella 2 Attribuire il vero valore al potere

	Finto potere	Potere reale	Perché
Soldi	×		Se li finisci hai perso il potere
Fama	×		Te la attribuiscono gli altri e la gestiscono loro non tu
Titoli	×		Aprono delle porte ma non sono sufficienti a tenerle aperte
Orgoglio	×		Rende rigidi e vendicativi e poco performanti
Rabbia	×		Fa stare su di giri e raggiungere gli obiettivi senza goderseli
Calma		×	Permette lucidità anche nei momenti difficili
Passione		×	Dipende da te ma si irradia sugli altri
Onestà		×	Ti arricchisce perchè sei in pace con te stesso
Carisma		×	Ti permette di influenzare gli altri e di essere un leader naturale
Fiducia		×	Permette di abbassare la tensione
Perdono		×	Libera e fa superare gli ostacoli
Accettazione		×	Permette di concentrarsi solo sulle cose che possiamo cambiare
Ottimismo		×	Permette di rialzarsi anche dopo essere caduti
Gratitudine		×	Ti fa concentrare sulle cose che contano

prepararsi appositamente dando spazio a **tre atteggiamenti mentali** fondamentali per avviare il miglioramento personale:

1. **Praticare**: ricordati che nulla accade senza la pratica. È la ripetizione di uno stimolo giorno dopo giorno che sortisce un effetto. Non aspettarti di potere sfuggire a questa regola. Non puntare ai risultati ma fai diventare la pratica stessa il tuo obiettivo.
2. **Fidarsi**: fidati del tuo cervello e del tuo corpo. Messi nella situazione giusta più e più volte, sapranno dare vita alla magia che stai cercando. Corpo e mente sono fatti per danzare in armonia se solo lasciamo loro il tempo per trovare il giusto ritmo.
3. **Lasciare andare**: serenità e armonia non si raggiungono con la forza del controllo ma con il coraggio del lasciare andare, del non pretendere ma del saper attendere.

Calma, passione, onestà, carisma, fiducia, perdono, accettazione, ottimismo. Pensaci un attimo, non sono forse i valori più profondi che ognuno di noi tenta di avere ma che poi finiscono sepolti sotto strati di inconsapevolezza e falsi obiettivi? Non sono forse valori che tutti noi possediamo ma che troppo spesso perdiamo perché non siamo capaci di coltivarli?

Allora un altro aspetto fondamentale da considerare è proprio quello della **consapevolezza**, una virtù di enorme importanza per acquisire controllo su se stessi e sulla propria vita. Essere consapevoli vuol dire essere attenti alla propria percezione e alla propria reazione agli eventi della vita e diventare nel tempo attenti alle proprie reazioni interne anche per quello che riguarda la sfera subconscia.

Come per la maggior parte delle caratteristiche positive di cui parleremo in questo manuale, anche la consapevolezza va plasmata e poi allenata perché altrimenti scompare. Essere consapevoli vuol dire essere potenti, capaci, attenti, precisi, vigili ma non agitati.

La consapevolezza è la fondamenta dell'alta prestazione ma anche del rilassamento, dell'arte e dell'intuizione. Al contrario, essere inconsapevole significa spegnere la luce e percorrere la vita al buio, perdendo gran parte della sua bellezza.

Per stimolare la consapevolezza prova a fare un esercizio oggi stesso. Inizia a notare tutti quei piccoli dettagli della vita di tutti i giorni che in genere ci sfuggono: come era vestita la signora che ti ha servito allo sportello della posta? Di che colore era il furgone parcheggiato a fianco della tua macchina? Dove era seduto il tuo collega alla riunione? Chi c'era al tuo fianco in metropolitana questa mattina?

Non ha importanza su cosa ti soffermi. Quello che conta è che eserciti il tuo sistema nervoso a notare i dettagli che spesso vengono scartati. Il secondo passo è quello di fare lo stesso tipo di esercizio ma concentrandoti sui tuoi stati d'animo. In questo caso non è male prendere nota di quello che provi. Quando eri in coda nel traffico quale sensazione prevaleva? Rabbia? Ansia? Rassegnazione? O calma e piacere di poter ascoltare il tuo programma preferito alla radio? Prima di quel meeting importante di lavoro come ti sentivi? All'ennesimo capriccio di tuo figlio come hai reagito? Con fermezza ma senza perdere la tenerezza o al contrario in modo isterico e diseducativo?

Questo esercizio può essere ulteriormente espanso cercando di classificare le reazioni di cui sei divenuto consapevole in due categorie di base:

- ***azioni potenziative***: tutte quelle azioni che arricchiscono te, gli altri e il mondo e che potenziano il tuo ruolo di leader, di esempio e di guida;
- ***azioni depotenziative***: tutte quelle azioni che tolgono qualcosa a te, agli altri e al mondo e che indeboliscono il tuo ruolo di leader, di esempio e di guida.

La tua carta dei valori caratteriali

Per fare un ulteriore passo nella direzione di una più approfondita conoscenza di te stesso e per scoprire davvero cosa conta per te e quanto vali, prenditi un paio di ore di tempo per scrivere una lettera, intima, profonda e sincera. Una lettera a te stesso che non condividerai mai con nessuno, che magari butterai via ma che resterà per sempre nella tua memoria. Isolati in una stanza o magari in mezzo alla natura e butta giù quello che ti passa per la testa. Ma concentrati soprattutto sulle seguenti domande che dovrebbero aiutarti a definire una serie di idee che io definisco i valori caratteriali:

1. Quali credi che siano i tuoi valori fondamentali?
2. Su cosa non saresti mai disposto a scendere a compromessi?
3. Per cosa saresti disposto a sacrificare la tua vita?
4. Sei convinto che il destino favorisca colui che è preparato nel corpo, nella mente e nello spirito?
5. Se sì, come lo hai dimostrato nel corso della tua vita?
6. Qual è il tuo sogno più grande e ambizioso?
7. Cosa sei disposto a fare per raggiungerlo?
8. Ti senti più un leader o una persona che deve essere guidata?
9. Chi potresti guidare come un leader nella tua vita?
10. Da chi sei guidato nella tua vita?
11. Se dovessi scegliere un singolo termine per definire te stesso cosa useresti?

La carta dei tuoi **valori caratteriali** ha tre propositi:

1. Capire quali valori definiscono i confini dei tuoi com-

portamenti e delle tue azioni. I valori emergono dalle esperienze passate e tracciano la rotta delle nostre azioni future.

2. Comprendere meglio le conseguenze operative del tuo carattere. Come vedremo successivamente, il carattere si forma sulla base delle nostre azioni ripetute nel tempo e i valori sulla base delle risposte che l'ambiente fornisce ai nostri comportamenti. Chi siamo dipende in larga misura da un gioco continuo tra le nostre mosse e le risposte esterne (degli altri e dell'ambiente) in una sorta di continua partita a scacchi. Lo scacchiere su cui avviene questo gioco rappresenta l'insieme di valori e di regole che delimitano il perimetro della nostra vita. Alcune sono davvero fondamentali e decise da noi stessi. Altre invece sono imposte dagli altri, dalla società in generale. A volte si fa fatica a distinguere tra le due categorie.

3. Creare una sorta di contratto con te stesso che diventerà un punto di riferimento a cui tornare nei momenti difficili, di fronte a scelte importanti. In fondo abbiamo contratti per qualsiasi cosa e ci riferiamo ai contratti ogni volta che emerge un problema. Ma non esiste la pratica di fare un contratto con se stessi. Anzi, non esiste nemmeno l'abitudine a mantenere le promesse fatte a noi stessi. Siamo spesso più bravi a mantenere quelle fatte agli altri. Perché? Semplicemente perché non ci saranno ricadute sulla nostra immagine (o ci illudiamo che sia così), non ci saranno ripicche, punizioni o giudizi negativi degli altri.

La carta dei valori caratteriali può diventare una mappa per lo sviluppo futuro, una mappa che ti aiuta a passare da una cultura della reazione ad una cultura dell'azione. Infatti, io ritengo che invece di vivere in una cultura dell'azione, dove ogni nostro gesto è frutto di un desiderio chiaro capace di farci raggiungere l'obiettivo, viviamo di reazioni, cioè di risposte istintive non pianificate agli avvenimenti che incontriamo nella vita.

Azione e reazione sono molto diverse tra loro e portano a conseguenze di natura opposta: l'azione ci fa sentire in controllo della nostra vita; la reazione ci fa sentire vittime delle circostanze e spesso ci porta a sensi di colpa causati dal comportamento instaurato. Ritengo che l'azione proficua ed efficiente nasca in uno spazio che sta oltre la **comfort zone**, nella quale non avviene alcun cambiamento, ma pur sempre nel perimetro dei nostri valori e delle nostre risorse. Si tratta della **change zone**, in cui avviene il vero cambiamento. Se andiamo oltre, come spesso accade in una reazione impulsiva, entriamo in una zona che chiamo di **panic zone**, dove mettiamo sotto stress il sistema, andiamo troppo oltre i nostri limiti e finiamo con il commettere degli errori. Faccio un esempio per chiarire il concetto, che puoi trovare schematizzato nella figura 5.

Figura 5 Il percorso di cambiamento

Supponiamo che una persona che chiameremo Leonardo abbia un problema con il suo capo. Leonardo ritiene che il suo capo si arrogante e sgarbato e che lo tratti ingiustamente. Da tempo si ripropone di parlare con il capo in modo diretto per uscire dalla sua condizione di passiva accettazione e sofferenza. Si immagina di riuscire a essere fermo, duro ma educato nel dimostrare la sua disapprovazione e il suo desiderio di un atteggiamento diverso. Tuttavia non si prepara per questo incontro. Lo sogna ma non studia una strategia e senza accorgersene lascia che i valori della libertà e del rispetto, che sente suoi, siano schiacciati dal peso di un valore altrettanto presente ma forse indotto da altri: quello del rispetto per la gerarchia.

Così Leonardo, incapace di coltivare un'azione di cambiamento, subisce e subisce ancora fino a quando una mattina sbotta del tutto. Esce dalla zona di comfort (che era comunque un discomfort), scavalca la change zone per entrare brutalmente nella panic zone. Qui perdere il controllo è quasi una certezza. E così arriva l'insulto violento al capo che causa il licenziamento del povero Leonardo. Sono sicuro che molti di noi si possono riconoscere almeno per certi aspetti in questa storia.

Questo esempio ci torna utile anche per parlare di un altro aspetto: il conflitto tra valori e credenze, uno degli ostacoli più frequenti al prendere in mano la propria vita.

Come esercizio...

Prova a riflettere su situazioni della tua vita reale che ti hanno portato nella zona di panico e sulle conseguenze che questo ha comportato. E poi rifletti invece sulle volte in cui ti sei trovato nella zona di cambiamento e cosa era diverso.

I conflitti interni che ci bloccano

I nostri comportamenti sono la conseguenza di numerose forze che agiscono, spesso in parallelo su di noi: esigenze concrete imposte dall'ambiente, risposte messe in atto sulla base di comportamenti altrui, azioni che intraprendiamo per desiderio nostro. Esistono pure una serie di freni e paletti ai comportamenti, anche in questo caso sia esterni, come le regole sociali e la paura della punizione, che interni. Come abbiamo visto, i valori sono di fondamentale importanza nel determinare il perimetro entro il quale accettiamo di agire. Esistono però anche le credenze e la differenza tra valori e credenze è sottile e non di facile comprensione:

- **Valori**: ai valori in psicologia si attribuisce il ruolo di essere la base per i nostri comportamenti e per la motivazione. Sono considerati astratti, gerarchicamente organizzati e dinamici (cambiano nel tempo). Esprimono in sostanza quello che desideriamo essere, ricevere o vedere nel mondo. I valori sono molto personali e non universali. L'idea che io posso avere dell'onestà non è detto che coincida con la tua. Valori tipici sono: verità, giustizia, pace e amore.
- **Credenze**: sono giudizi generali su noi stessi e sul mondo. Si esprimono associando a un'azione un giudizio, come nel caso di "uccidere è sbagliato". Molte credenze sono radicate in profondità e legate alla sfera emotiva: per questo possono influenzare i nostri comportamenti. Un tragico esempio deriva dagli estremismi religiosi: se credo davvero che uccidere in nome di una fede mi darà gloria e felicità eterna, finirò con il farlo. Una credenza tipica potrebbe essere "la violenza è sempre un errore". Una credenza che porta fuori strada potrebbe essere "la violenza è giustificata se ha ragioni religiose".

Le credenze e i valori determinano la nostra visione della realtà e quindi lo spettro e la tipologia di azioni a cui ci dedicheremo. Fungono in effetti da veri e propri "filtri" che usiamo per dare vita alla nostra personale visione del mondo.

Credenze e valori sono strettamente correlati e dipendenti gli uni dagli altri, al punto che una vera separazione tra i due non è di fatto possibile. Allo stesso tempo esistono sottili differenze tra i due concetti, per cui i valori rappresentano i nostri obiettivi, ciò a cui tendiamo, i desideri, e per questo sono astratti, mentre le credenze sono giudizi che connettono i nostri valori alle esperienze di vita. Le credenze, essendo delle valutazioni fondamentali, creano categorie e forniscono significato ai nostri valori.

Credenze e valori sono anche alla base di numerosi conflitti tra individui e con noi stessi. A volte credenze e valori vanno in direzione opposta e per questo ci mantengono bloccati in una determinata posizione. Per esempio, la noia legata ad un lavoro che non ci piace potrebbe cozzare con il valore della libertà e stimolarci al cambiamento. Ma la credenza che la sicurezza conti di più della libertà e della gioia potrebbe frenare del tutto qualsiasi tentativo di azione.

Oppure una persona potrebbe percepire la necessità di cambiare partner perché non più in grado di soddisfare il proprio valore di amore, ma allo stesso tempo venire frenato dalla credenza che far soffrire un altro sia sempre sbagliato. Gli esempi potrebbero essere molti. Se poi pensiamo che due persone possono perfino avere due concetti diversi se non opposti di libertà, di amore o di onestà, si capisce bene come possono nascere e diffondersi i conflitti tra persone e popoli.

Ma restiamo nell'ambito personale, che è quello di nostro interesse.

È chiaro che una scarsa comprensione dei propri valori e delle proprie credenze può diventare un grosso ostacolo per un percorso di miglioramento personale. Spesso si finisce con l'andare alla ricerca di cause esterne per un risultato diverso da quello atteso ma invece sarebbe necessario e utile guardare dentro se stessi. Occorre anche capire che una vita riuscita è quella in cui si crea un'armonia tra credenze, valori e azioni

Figura 6 L'azione sinergica di vari elementi che creano il cambiamento

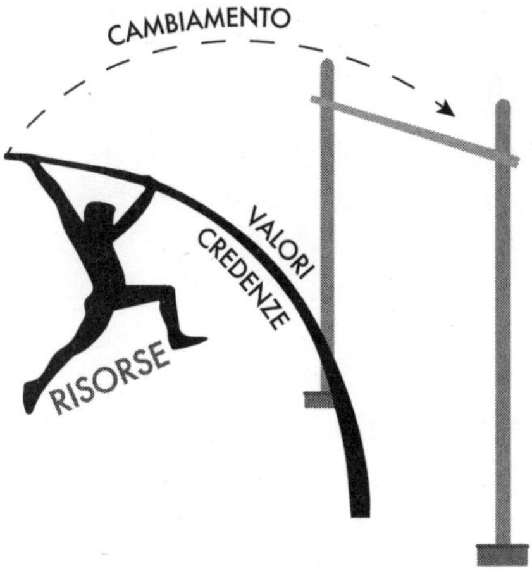

che adottiamo, una coerenza tra esigenze interne e realtà esterna. Non sempre questo è possibile ma rimane ciò a cui tutti noi dovremmo tendere.

Immaginatevi che il cambiamento o, più in generale, il miglioramento personale, sia come un salto con l'asta. L'altezza dell'asticella rappresenta le difficoltà che dobbiamo superare, la rincorsa la spinta motivazionale che abbiamo. L'asta, con la sua forza ed elasticità che permette di fatto l'accelerazione necessaria a compiere il salto, deriva da quello che definisco **coerenza emotiva**, uno stato d'animo in cui tutto risulta congruente, compatto e concorde. Credenze, valori, motivazioni e risorse personali (le capacità complessive che possiamo mettere in campo) allineate per favorire il salto verso l'alto.

La coerenza emotiva ha dei riflessi anche nella nostra fisiologia e in particolare nella modalità di interazione tra respiro e battito cardiaco. Per ora ci basta considerarla come quel fenomeno per cui velocità dell'atleta, solidità e flessibilità dell'asta, spinta con le braccia, concentrazione e altri aspetti necessari alla prestazione (in questo caso il salto con l'asta) sono tutti in grado di funzionare al meglio. È uno stato di grazia che si può imparare a creare e mantenere nel tempo.

Come esercizio...

Rifletti su quali conflitti interni bloccano il tuo percorso di cambiamento e chiediti come potresti aumentare la tua coerenza emotiva.

Carattere e abitudini

"Eh, ma sono fatto così! Questo è il mio carattere!" Quante volte l'hai sentito ripetere? O quante volte l'hai detto tu stesso per giustificare una tua mancanza, un tuo fallimento?

Aristotele sosteneva che noi siamo ciò che facciamo ripetutamente e che l'eccellenza non è un'azione ma un'abitudine. Questo purtroppo è vero anche in senso contrario: il fallimento, la pigrizia, la mancanza di obiettivi e la scarsa prestazione non sono né azioni né tantomeno sfortune ma conseguenze dirette delle nostre abitudini.

Se non capisci questo significa che finirai con il nasconderti dietro ad un alibi, quello del tuo carattere, per giustificare comportamenti errati o per continuare a mantenere nel tempo abitudini dannose minimizzando i sensi di colpa.

Sappiamo ormai con certezza che in realtà ogni aspetto del nostro comportamento può essere cambiato, ogni nota negativa può essere corretta se siamo in grado di fare il lavoro necessario per portare a casa il risultato.

Cos'è il carattere? Da cosa dipende? È stabile e definito o plastico e mutabile? È la scusa utile per giustificare i nostri errori o, al contrario, è solo il risultato dei nostri comportamenti ripetuti nel tempo?

In psicologia, con il termine carattere si intende la componente psichica che fornisce una specifica impronta al comportamento dell'individuo. Si potrebbe dire che il carattere è il risultato di una costante interazione tra persona e ambiente, che inizia nei primissimi momenti di vita e che rappresenta qualcosa di più mutevole e adattabile della personalità.

In un certo senso si potrebbe dire che la relazione tra personalità e carattere è simile a quella che c'è tra valori e credenze. Sono interconnessi, interdipendenti, gli uni più rigidi e gli altri più plasmabili ma soprattutto tutti in grado di influenzare in modo fondamentale i nostri comportamenti e il risultato complessivo della nostra vita.

Senza addentrarci troppo nelle definizioni tecniche, possiamo ipotizzare che se il carattere è influenzato da ciò che accade nella nostra vita, ciò che facciamo con maggior frequenza e continuità determinerà il nostro carattere in modo più profondo. Proprio come sosteneva Aristotele, quindi, l'eccellenza non è un'azione, ma un'abitudine. Ovviamente lo stesso discorso vale per i fallimenti e la cattiva prestazione.

Sono infatti le nostre abitudini a creare il nostro carattere ed è nostro compito sapere come eliminare quelle dannose per adottare quelle potenzianti. Gli eventi che si ripetono nel tempo con costanza, sia per via di fattori esterni indipendenti dalla nostra volontà (un genitore che ci sgrida troppo, per esempio) sia a causa delle nostre scelte, inducono risposte abituali, ossia comportamenti abitudinari. Le abitudini sono i fattori che influenzano maggiormente il carattere: se cambiamo abitudini, prima o poi cambierà anche il nostro carattere. Le abitudini sono meccanismi inconsapevoli, per lo più automatici, che si ripetono giorno dopo giorno e che come tali determinano anche la nostra capacità complessiva di agire e di portare a termine i nostri obiettivi. Quando le abitudini adottate sono in sintonia con i desideri emotivi ed esistono le capacità per metterle in atto, si instaura un circolo virtuoso:

"Sto a dieta perché vedermi in forma mi appaga molto più del gusto del gelato" è un esempio di un nuovo modo di ragionare che si instaura dopo aver lasciato alla nuova abitudine un tempo sufficiente per sortire il suo effetto su di noi a livello fisico e caratteriale. Non dimenticare mai: se non riesci a portare a termine qualcosa, dare la colpa al tuo carattere è solo una scusa. Cerca di scoprire invece quali sono le abitudini specifiche che ti frenano.

Come esercizio...

Prova a identificare le abitudini che hai adottato fin dalla giovane età e come hanno contribuito a dare vita al tuo carattere. Poi prova a immaginarti di avere avuto abitudini opposte e chiediti come sarebbe il tuo carattere.

Ogni giornata è una vita in miniatura

Quante volte ti sei dato degli obiettivi ma hai piantato tutto a metà? Quanto spesso hai l'impressione di non concludere abbastanza rispetto ai propositi che ti sei dato?

Anche se la maggior parte delle persone dice di essere consapevole dell'importanza di darsi degli obiettivi, circa l'ottanta percento degli individui non si prefigge mai assolutamente nulla. Il tempo e la vita sembrano scorrere davanti a molti di noi senza che nemmeno proviamo ad esercitare qualche forma di creatività e controllo.

Ancora più sorprendente è che, di quel venti percento capace di darsi un obiettivo, circa il settanta percento non lo raggiungerà mai.

Non sarebbe bello entrare a far parte di quel cinque-sei percento di persone che non molla e che porta a casa un successo dopo l'altro? O, ancora meglio, non sarebbe meglio che una percentuale molto più alta di persone potesse davvero realizzare i propri sogni?

Affinché i nostri progetti di vita possano realizzarsi, c'è una regola cruciale e antica che dovremmo rispettare: impara a gestire le tue giornate ed esse, una dopo l'altra, si trasformeranno in una storia completa di gioia e soddisfazione. Anche se sono rare, avrai incontrato anche tu qualche persona che riesce sempre e comunque a portare a termine i propri obiettivi. Persone caparbie, che non mollano e che gli altri definiscono come uomini o donne di successo. Cosa pensi che determini queste caratteristiche? Un talento innato che tu non possiedi? La fortuna, l'ambiente o l'educazione che hanno ricevuto?

Ognuno di questi fattori conta, ma solo in piccola in parte: le ricerche suggeriscono che questi elementi non giustificano in nessun caso la riuscita o la sconfitta.

Tra i fattori che contano davvero, nella mia esperienza, uno pesa più di tutti. Consiste nel realizzare, generalmente in giovane età e in modo inconsapevole, che da oggi dipende il domani, che da ciò che fai o rinunci a fare adesso dipende ciò che accadrà dopo, che non esiste né passato sufficientemente negativo né futuro abbastanza preoccupante da bloccare l'azione del momento.

Così si fabbrica una mente imbattibile, che poi impara ad auto-alimentarsi grazie ai traguardi raggiunti, a nutrirsi dei successi che essa stessa produce.

Il punto centrale per la riuscita è dunque la gestione di ogni singola giornata come se da questa dipendesse l'intera tua esistenza. "Inizierò domani", "oggi non ho tempo", "posso farlo dopo" sono frasi che devono scomparire dal tuo vocabolario interiore per lasciare posto solo all'adesso, al qui e ora. Non si scappa più, ma si affronta ogni ostacolo, ogni scelta per quello che davvero è: un'opportunità per fare un passo avanti rispetto allo stare fermi, cosa che porta, piano piano, inevitabilmente allo scivolare indietro.

Ma come possiamo creare questa cultura personale? Come possiamo trasformarci in menti imbattibili anche se non ci siamo riusciti fino ad ora? Come possiamo andare oltre le giustificazioni, gli alibi, le scuse, l'invidia, il fastidio per il successo altrui per concentrarci invece solo su come creare il nostro?

La mia esperienza, abbinata alle indicazioni provenenti dalle più recenti ricerche scientifiche, mi suggerisce di iniziare da alcune azioni cardine che, se bene gestite, produrranno una serie di risultati costanti nel tempo:

1. **Ripetere, ripetere e ripetere ancora**: ogni ricerca sull'alta prestazione in qualsiasi tipo di ambiente (militari d'élite, atleti, astronauti, manager, artisti, cioè soggetti che affrontano sfide sia fisiche che mentali), giunge alla conclusione che il talento non esiste. Quello che fa la differenza è la capacità di tollerare un grado di impegno maggiore, di farcela a ripetere ancora una volta quando tutti gli altri mollano. Questo porta a diventare perfetti nel proprio mestiere. Il risultato finale dipende dalla quantità di impegno che viene profuso e l'impegno parte da ogni singolo gesto di ogni singolo giorno, perché un viaggio di mille miglia non può che cominciare con un singolo semplice passo.
2. **Inizia da dieta, allenamento e tecniche di rilassamento**: così come non ha senso preoccuparsi delle cose che sono fuori dal nostro controllo, è un grave errore rinunciare a esercitare il controllo quando invece possibile. Sapere quando e cosa provare a controllare non è sempre facile, ma ci sono tre cose che certamente possiamo imparare a gestire e sono l'alimentazione, l'allenamento fisico e quello mentale, utilizzando una serie di tecniche di rilassamento. Partire da questo rafforzerà in modo significativo il senso di potere e controllo sulla nostra esistenza in generale, perché fino a quando non

sapremo gestire noi stessi sarà difficile essere in grado di gestire la vita a 360 gradi. Fino a quando non saremo capaci di creare una pratica disciplinata difficilmente potremmo uscire dal caos. Ma i benefici della cura del corpo sono molti ampi e profondi e coinvolgono la complessiva sensazione di benessere di una persona. Endorfine rilassanti, catecolamine stimolanti, molecole appaganti come l'anandamide, ormoni che riparano e rigenerano i tessuti e sostanze capaci perfino di favorire la crescita del nostro cervello, come il BDNF ossia il *brain-derived neurotrophic factor*, sono tutti stimolati dall'attività fisica in particolare se abbinata ad alimentazione corretta e recupero mentale.

3. **Come un guerriero, crea i tuoi rituali di battaglia**: dalla notte dei tempi, in ogni cultura i guerrieri hanno adottato dei rituali, delle pratiche di rafforzamento dello spirito per prepararsi alla durezza della battaglia. Anche se oggi la maggior parte di noi non deve combattere battaglie con il corpo (anche se sono ancora tragicamente comuni in molte zone del mondo), siamo ancora guerrieri alle prese con le mille difficoltà dell'esistenza ma anche alla ricerca delle tante ricompense che la vita ci può offrire. Allora ogni mattina o prima di un meeting o quando stai per affrontare un esame importante, prova ad adottare qualche pensiero, un auto-dialogo che plachi la tensione e la paura e stimoli il tuo coraggio e la tua forza. Ogni giorno c'è qualcosa per cui vale la pena lottare e la forza per vincere la puoi trovare solo dentro te stesso.
4. **Datti ogni giorno degli obiettivi**: molto spesso quelli che non raggiungono i propri obiettivi non si ricordano nemmeno di esserseli prefissati. Tanto vaghe sono le intenzioni in partenza e tanto scarsi saranno i risultati alla fine. Guardando alle persone di successo, molti

pensano alla fortuna e si dimenticano il duro lavoro che sta dietro una vita riuscita. Una delle abilità che accomuna le persone capaci è quella di accoppiare ai grandi obiettivi a lungo termine piccoli obiettivi quotidiani. I macro-obiettivi vengono sistematicamente scissi in micro-obiettivi capaci di influenzare l'andamento di ogni giornata. Ritorna l'importanza di distinguere tra obiettivi di processo e obiettivi di risultato e di suddividere in particolare quelli di processo in una dimensione che sia sempre raggiungibile in quella specifica giornata. Per esempio, con dieta e allenamento, l'obiettivo a lungo termine di perdere grasso e ritornare in forma può essere scisso nell'obiettivo quotidiano di riuscire a portare a termine l'allenamento e il piano alimentare prestabilito per quella giornata. Poi, alla fine, sarà semplicemente la somma delle giornate a creare il risultato complessivo.

5. **Usa il diario come specchio**: il confronto con se stessi è la cosa più difficile. In fondo quello che vediamo allo specchio ogni giorno per certi aspetti è il nostro avversario più temibile. Ma chi ha prestazioni eccellenti sa bene che è indispensabile farselo alleato. Occorre modulare il proprio auto-dialogo e arricchirlo di contenuti che ci stimolino, ci incitino, ci facciano appassionare e non, al contrario, di frasi demotivanti e capaci solo di abbatterci al primo tentativo di alzare la testa. Tenere un diario e dedicare qualche minuto ogni mattina a trascrivere i propri obiettivi per la giornata e le proprie impressioni sul percorso che stiamo affrontando è un metodo molto semplice ma efficace per trasformare il rapporto con se stessi. Nella forma scritta tendiamo ad essere meno duri con noi stessi e più articolati che in un frettoloso dialogo di sottofondo di cui spesso perdiamo il controllo. Questo autodialogo è una delle fonti principali di sabotaggio dei nostri progetti.

Siamo sempre pronti ad accusare gli altri per i nostri fallimenti ma molto più spesso ne siamo noi gli artefici. Siamo noi i padroni della nostra esistenza e se non sappiamo gestirla il problema è solo nostro.

Dobbiamo diventare consapevoli dei nostri mezzi, non possiamo più nasconderci dietro a scusanti come la formazione ricevuta, le condizioni sfavorevoli o il carattere stesso.

Come esercizio...

Prova a pensare di avere un solo giorno rimasto da vivere e chiediti come lo passeresti. Chiudi gli occhi e immagina. Pensa alle cose concrete di quella ipotetica giornata ma prova anche a interrogarti su quali emozioni sottostanti cercheresti.

Ripetere, rischiare e recuperare

La vita è un vero miracolo di complessità. Chi si adopera per capirne il linguaggio riceve da essa doni immensi. Chi invece si limita a vivere senza comprendere il perché delle cose rischia di rimanere profondamente deluso. Alcune regole che determinano la prestazione ottimale si ripetono indipendentemente dal campo di azione in cui ti vuoi cimentare.

Prendi la migliore versione di te stesso. Forte, atletico, in perfetta forma, Quante flessioni a terra pensi che riusciresti a fare? Cinquanta o forse cento se sei particolarmente forte. Sarebbe già un ottimo risultato, ma saresti piuttosto lontano dal record di Minoru Yoshida, un giapponese che nel 1980 è riuscito a fare 10.507 flessioni consecutive. Preferisci le trazioni alla sbarra? La maggior parte delle persone non riesce a farne nemmeno una, ma mettiamo che tu sia in gran forma. Arriverai a dieci, forse a venti trazioni. Jan Kares, della Repubblica Ceca, nel 2014, ne ha fatte 4654 in dodici ore.

Questi sono esempi estremi dell'enorme capacità di adattamento del nostro organismo. Una vera e propria plasticità che permette al corpo e alla mente di raggiungere traguardi impensabili se sollecitati nel modo corretto.

Potremmo parlare di musicisti, scrittori, pittori, atleti, militari dei corpi d'élite ma anche di lavoratori più comuni, come i tassisti. Per ottenere la licenza, i tassisti di Londra, per esempio, devono conoscere a memoria qualcosa come 25.000 strade e milioni di punti di riferimento che permettano loro di interpretare le richieste dei clienti più esigenti, anche quando questi non sono precisi con l'indirizzo desiderato. Secondo un reportage del *New York Times*, ad un esame per aspiranti tassisti a Londra è stato chiesto addirittura a quale indirizzo corrispondesse un palazzo sulla cui facciata c'è la statuetta, alta pochi centimetri, di un topo che mangia del formaggio!

Per prepararsi a questo tipo di esame, i candidati tassisti passano mesi, se non anni, a girare per Londra in macchina o in moto studiando ogni minimo dettaglio degli itinerari: la strada più breve, quella da usare nelle ore di punta con più traffico, quella dove ci sono meno semafori, quella più panoramica. In sostanza, devono assimilare ogni nozione necessaria a diventare una specie di navigatore umano. Sì, perché i navigatori elettronici, dall'ente che rilascia le licenze, sono considerati, imprecisi, lenti e fuorvianti rispetto ad un essere umano.

Ma quali sono le variabili che permettono di raggiungere prestazioni fisiche o mentali eccezionali?

Cosa contraddistingue le persone capaci di raggiungere risultati nettamente al di sopra della media?

Ti sembrerà strano, ma decadi di studi hanno dimostrato che l'unica cosa che fa davvero la differenza sono le ore passate a perfezionare il proprio mestiere, gli anni di allenamento, il numero enorme di ripetizioni per lo più sempre dello stesso gesto. Gli spartani dicevano che colui che suda di più in allenamento sanguina meno in guerra. Avevano capito molto bene il valore della preparazione fisica, ma soprattutto di quella mentale. Il talento c'entra poco con il risultato finale, per quanto questo possa sorprendere la maggior parte di noi, abituati a ritenere che se qualcuno fa qualcosa di eccezionale non è per la fatica che è stato in grado di tollerare negli anni ma piuttosto per qualche forma innata di fortuna.

Forse l'unico vero talento a cui i grandi risultati possono essere collegati è quello di saper pianificare l'ascesa ai massimi livelli della propria arte, attraverso alcuni passi chiave, alcune strategie che rimangono tali anche se gli obiettivi sono diversi. Il talento sta nel saper tollerare il lavoro che devi fare, che si basa su tre aspetti fondamentali:

1. **Pratica deliberata:** ogni prestazione dipende dal numero di ore e dall'impegno che metti nella preparazione. Ogni ripetizione in più è un passo verso una prestazione migliore, perché nulla nell'alta prestazione avviene per caso. Come nel programma di allenamento di un atleta, così per l'ottenimento di qualsiasi risultato, è fondamentale la pianificazione della pratica. Il successo sembra dipendere dalla capacità di tollerare più pratica degli altri.
2. **Uscire dalla comfort zone:** L'adattabilità di mente e corpo va stimolata spingendosi oltre i confini dei propri limiti attuali, quelli che ti fanno stare comodamente a tuo agio. L'organismo ha una spiccata tendenza a mantenersi in una condizione di equilibrio e ne esce solo se costretto da stimoli sufficientemente intensi. Così accade con l'attività fisica, che se non è abbastanza pesante non crea alcun adattamento a livello muscolare.
3. **Non superare la capacità di adattamento:** Il confine tra troppo poco ed eccessivo è molto sottile e difficile da determinare. Il successo dipende dal collocare la propria azione nel territorio che va oltre la comfort zone ma precede l'ignoto. È la strategia dei piccoli passi. Inoltre, è

fondamentale sapersi concedere dei recuperi per permettere al corpo di adattarsi a nuovi livelli di prestazione.

Da questa analisi emergono tre parole chiave che possiamo usare come sommario di una nuova strategia d'azione:

- *Ripetere*: perché senza i numeri il miglioramento non ci sarà mai.
- *Rischiare*: perché senza spingersi oltre i propri confini non si può migliorare.
- *Recuperare*: perché se si va troppo oltre e non ci si sa dosare, l'organismo non potrà adattarsi e soccomberà al peso eccessivo delle nostre richieste.

Questa è la **regola delle 3R** che uso per aiutare le persone a salire i gradini che portano a raggiungere il massimo del loro potenziale.

Figura 7 La spirale del miglioramento

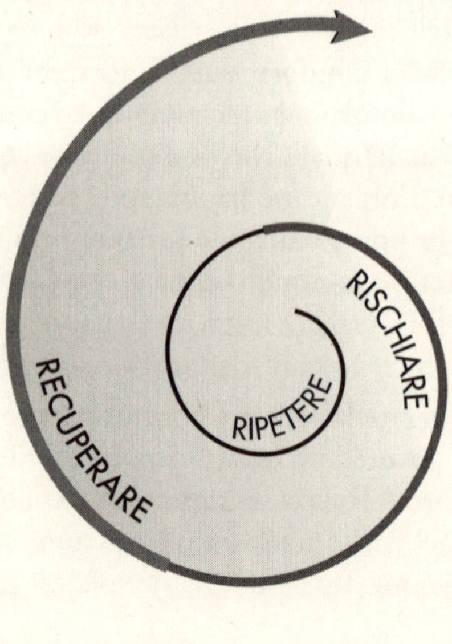

Come esercizio...

Rifletti su quali comportamenti hai ripetuto così da renderli perfetti. Scegli qualcosa di positivo ma anche qualcosa di negativo e soffermati su come il ripetere trasformi un comportamento possibile in un comportamento prevalente.

Semplificare, semplificare e semplificare ancora

Lavorando in profondità con molte persone differenti per età, background, professione, emotività e livello di salute, ci si accorge di una caratteristica che molti hanno in comune: quella di rendere tutto molto più complesso di come potrebbe essere. Sembra quasi che lo facciano apposta, anche se so bene che non è così. Quando mi raccontano la loro storia, noto un'incapacità di fondo di distaccarsi dai problemi quel minimo che sarebbe necessario per vederli con maggior chiarezza. Le persone spesso sono talmente immerse nella loro realtà che perdono di vista tutti gli strumenti che posseggono e che potrebbero usare per riuscire a risollevarsi. Non è più una situazione in cui hanno un problema. In questi casi sono diventati loro stessi il problema. Non capiscono che in fondo la vita di tutti si assomiglia e che condividiamo in tempi e modi diversi problemi molto simili.

Rifiuti, insuccessi, perdite, sovraccarichi di stress, incomprensioni, tradimenti sono esempi di problemi che tutti prima o poi devono affrontare. La differenza tra le persone, quindi, non è tanto legata ai problemi che si trovano di fronte, quanto alle diverse capacità di reazione ai problemi stessi. Molti, invece, istintivamente ritengono di essere gli unici a vivere un determinato problema. Questo, in modo inevitabile, porta ad un atteggiamento di vittimismo.

A volte nella vita le cose si ingarbugliano. I confini tra chi siamo e ciò che facciamo sono molto sottili. I problemi diventano parte di noi e a quel punto condizionano le nostre scelte, che a loro volta spesso finiscono con l'amplificare ulteriormente i problemi. Chi ne esce intatto è in genere una persona capace di prendere le distanze e di cercare soluzioni come se il problema non fosse suo. In un certo senso riesce a mettere tra parentesi le emozioni negative, in gran parte legate a una qualche forma di paura, e questo rende possibile un miglior utilizzo delle risorse mentali che ognuno di noi ha. Risorse che sono inaccessibili alla persona, che invece è intrappolata dalla paura.

Del resto, osservando i meccanismi di funzionamento del nostro cervello, è logico che sia così. C'è un rapporto diretto tra complessità della funzione e capacità di riflessione sulla funzione stessa. Le attività gestite dalla parte più antica e semplice del nostro sistema nervoso, il midollo allungato, sono in larga misura fuori dalla nostra consapevolezza e su di esse riflettiamo ben poco. Avvengono punto e basta: il cuore batte, il respiro respira, l'intestino digerisce e nella maggior parte dei casi tutto avviene senza alcun controllo da parte nostra.

Figura 8 Emozioni, struttura del cervello e consapevolezza

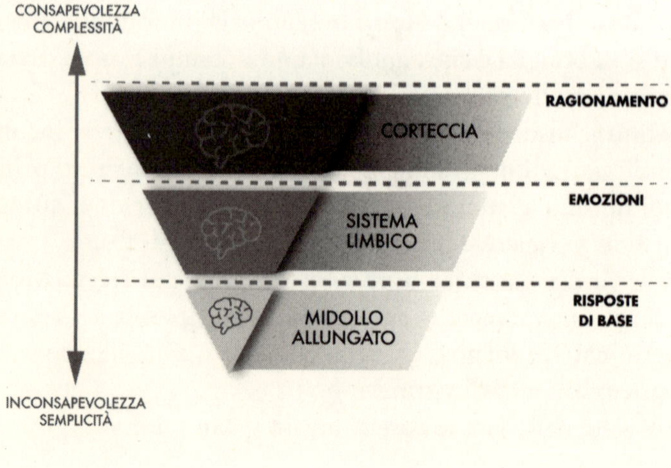

Il ragionamento complesso è invece frutto dell'attività della corteccia che nell'essere umano è particolarmente sviluppata. Le emozioni dipendono dal sistema limbico e sono un po' il ponte tra le due realtà. Proprio per questa funzione possono essere un'arma a doppio taglio. Senza entrare in dettagli scientifici complessi, ti propongo un'analisi che può esserti utile per capire l'argomento. Riferendomi alla figura 8, se le emozioni che emergono vengono elaborate e metabolizzate a livello corticale, viene esercitato un buon grado di controllo e il risultato sarà positivo. Se al contrario le emozioni sono troppo legate e mescolate con le attività del midollo allungato allora susciteranno risposte corporee automatiche ma non potranno dare luogo ad un piano di azioni coerenti possibile solo con il coinvolgimento della corteccia cerebrale.

In sostanza il problema non è tanto l'emozione in sé quanto il legame che essa ha con due aree del cervello distanti e in un certo senso opposte tra loro.

Se un'emozione è compresa e capita sarà anche gestita. Se è solo vissuta sarà lei a gestire noi. Da lì emergono i cosiddetti sintomi psicosomatici dalla tachicardia alla fame d'aria, dal mal di pancia al mal di testa.

Senza dubbio una condizione che blocca qualsiasi tipo di ragionamento consapevole e di azione strategica è la paura. Si tratta infatti di un meccanismo molto antico di auto-protezione e sopravvivenza che blocca in un certo senso le informazioni e le mantiene in un circuito legato alle mere risposte istintive. La paura ci può sicuramente salvare la vita ma in contesti meno drastici funziona come una sorta di freno a mano su ogni azione che potrebbe portarci alla soluzione del problema.

In questi casi è essenziale fare uno sforzo per semplificare. Quel poco di capacità razionale che in questi momenti rimane a nostra disposizione lo dobbiamo usare per fare un passo indietro, per contestualizzare il pericolo, ridimensionarlo, distaccarlo da quelle risposte istintive che ci fanno vivere ogni minaccia come fosse un pericolo di vita imminente da cui non abbiamo alcuno scampo.

In termini di condizionamento del nostro comportamento la paura è forse l'emozione più potente e più di altre capace di determinare le nostre azioni. La paura può bloccare e paralizzare o attivare risposte impulsive di attacco o fuga che difficilmente giocano a nostro favore, salvo in pochissime specifiche condizioni. Ma al di là delle singole situazioni in cui uno specifico episodio genera una risposta, nelle persone si stabiliscono condizioni prevalenti che finiscono con il determinare quanto facile è superare una certa soglia e percepire appunto paura. Oggi i ricercatori parlano di ipervigilanza per definire proprio uno stato di costante aspettativa di pericolo che porta a mantenere sempre accesi alcuni meccanismi difensivi che rendono molto più probabile e frequente una percezione di paura e con essa un maggior logorio dell'intero organismo.

Come esercizio...

Rifletti sulle tue paure. Quali sono? Come si manifestano? Che impatto hanno avuto sulle scelte della tua vita? Ti hanno bloccato o magari stimolato ad andare oltre?

Oltre la paura

In ogni singolo momento della nostra vita il nostro sistema nervoso, come un radar, perlustra l'ambiente circostante e ci invia segnali che definiscono il livello di pericolo o di sicurezza. Questi segnali sono per lo più inconsci e sono regolati da meccanismi molto antichi che ci hanno protetto fin dalla notte dei tempi. Si tratta di una sottile operazione di intelligence, di cui noi non ci rendiamo conto, ma che è capace di sortire un'azione profonda sui nostri comportamenti. Sì, perché se per qualche motivo l'informazione che emerge indica pericolo e rischio le nostre successive azioni saranno ridotte alla minima gamma utile in una situazione rischiosa. Se entro in una stanza per un meeting e mi sento teso, quasi minacciato dai volti degli altri partecipanti, non sarò in grado di adottare le strategie comportamentali migliori per la circostanza, perché il mio sistema nervoso si tarerà rapidamente per il combattimento e la fuga. Sudorazione, voce tremolante, tachicardia, tensione muscolare, rigidità dei gesti e della mimica facciale potrebbero essere le manifestazioni esteriori di questo stato neurologicamente determinato.

All'opposto, invece, se i volti che incrocio sono amichevoli e l'atmosfera della stanza mi appare rilassata, il mio sistema nervoso percepirà sicurezza e ottimizzerà le capacità di interazione con gli altri.

In sostanza, in ogni istante della nostra vita il sistema nervoso verifica il livello di sicurezza dell'ambiente in cui ci troviamo. Purtroppo però il sistema è raffinato ma non preciso. O meglio, non adatto alle circostanze in cui ci troviamo comunemente oggi. Questo sistema infatti funziona bene quando deve identificare pericoli fisici e rischi ambientali ma non è preciso per quello che riguarda l'analisi dei rischi psico-sociali, sicuramente non determinanti nel nostro lontano passato.

Nel mondo primitivo, per esempio, il volto altrui rappresentava in genere un sollievo più che un pericolo. In un mondo spopolato di uomini ma pieno di animali feroci e pericoli naturali, i volti che si incontravano erano in genere quelli dei membri della propria tribù, quindi di persone che potevano portare aiuto e supporto. Questa è la condizione a cui ci siamo abituati.

Oggi la situazione è molto diversa. Animali e pericoli naturali sono ricordi lontani per la maggior parte di noi mentre la tensione dei rapporti con gli altri è ciò che più spesso si fa sentire. E nel momento in cui un semplice sguardo teso può predisporre l'altro ad uno stato di tensione e limitarne le capacità di empatia e comunicazione, si capisce come il tutto rischi di diventare contagioso e fuori controllo. In pratica la tensione che avvertiamo nella nostra società ha una base neuro-fisiologica che parte da un'imprecisa analisi della situazione ambientale nella testa di ciascuno di noi. E così trasmettiamo agli altri la tensione che viviamo, in un meccanismo che si autoalimenta costantemente, sguardo dopo sguardo, giorno dopo giorno.

Alcuni scienziati hanno coniato il termine "ipervigilanza" per definire questa condizione di costante allerta associata ad una sottostante aspettativa di qualcosa di negativo, oggi così comune. L'ipervigilanza provoca un sovraccarico di tensione che spesso la persona cerca di controbilanciare con l'appagamento dato dal cibo o da altre sostanze che portano una quiete momentanea. Si perché se è vero che nel mondo di oggi siamo ipervigili e tesi e altrettanto vero che nella maggior parte delle circostanze non possiamo dare sfogo fisicamente a questa tensione. E allora intervengono meccanismi di compenso che a lungo andare sono deleteri come la ricerca costante di certi tipi di alimenti.

Gli zuccheri per esempio e alcuni cibi grassi e salati creano una risposta favoriscono un rilascio incredibilmente elevato di dopamina, un neurotrasmettitore che causa una sensazione di appagamento e soddisfazione che ci fa dimenticare per un attimo l'ipervigilanza in cui viviamo.

Poco dopo però, se la percezione del mondo esterno non cambia, il ciclo si ripeterà.

Ecco perché così tante persone fanno fatica ad adottare un comportamento alimentare corretto. Ecco come mai per molti è difficile se non impossibile mettere in pratica tutte le cose che in teoria sanno benissimo. Il problema non sta nel cibo ma nella sfera mentale ed è dal controllo di quest'ultima che possiamo sviluppare le soluzioni migliori. Quello che dobbiamo ricercare, ciò che possiamo tentare di ricreare è una sensazione

Figura 9 La trappola causata dall'ipervigilanza

di sicurezza capace di fare emergere una versione differente e migliore di noi, una condizione in cui l'autocontrollo e la padronanza di sé sono in grado di esprimersi al meglio. Quando percepiamo sicurezza si attivano per altro i meccanismi che permettono la crescita e la riparazione dei tessuti, cioè quei meccanismi naturali di rafforzamento della nostra salute che la vita moderna spegne, sopprime e a volte distrugge del tutto.

Esiste un ormone strettamente connesso alla percezione di sicurezza: l'ossitocina. Questa sostanza prodotta dalla neuro-ipofisi esercita un'azione fondamentale nel parto favorendo le contrazioni dell'utero. Ma nel tempo si è scoperto che la sua azione è molto più sottile. L'ossitocina infatti è la molecola che permette il bonding, ossia l'immediato legame tra mamma e neonato che assicura che la mamma si prenda cura fin da subito del piccolo e che questo a sua volta riconosca la mamma come una figura protettiva. Senza il bonding la nostra specie avrebbe avuto un'evoluzione molto improbabile se si considera il grado e la durata della dipendenza di un neonato umano dalla mamma. E come fa allora l'ossitocina a permettere questo fondamentale legame tra due esseri umani che pur avendo convissuto non si sono mai incontrati?

L'ossitocina è in grado di aumentare la sensazione di sicurezza e fiducia in se stessi e negli altri e quindi promuove un'interazione positiva e serena con il mondo. La cosa interessante è che il suo effetto non si limita al rapporto tra madre e neonato ma si esercita in ogni essere umano, maschi e femmine, nel corso dell'intera vita.

Questo ormone smorza la diffidenza e la paura disinnescando la tendenza del nostro sistema nervoso a vedere pericolo anche dove non c'è. Non altera però la vera percezione di pericolo e non induce una persona a correre rischi maggiori e inutili. La sua azione rende la nostra percezione della realtà più precisa, meno succube di quella tendenza sospettosa e diffidente che tanto dipende dai pericoli a cui la nostra specie è stata esposta nel corso dell'evoluzione più che dalla situazione reale di oggi.

La secrezione di ossitocina è anche promossa dal contatto fisico non violento, di tipo sessuale ma non solo. Anche le coccole, i giochi affettuosi che si fanno con i bambini o con un animale domestico, sono tutti fattori che favoriscono il rilascio di ossitocina. Logicamente accettare il contatto fisico prevede un alto grado di fiducia reciproca che, a contatto avvenuto, si rafforza ulteriormente e permette una sensazione di benessere che si prolunga oltre la cessazione del contatto stesso. Anche la manualità terapeutica come nel caso del massaggio è molto utile in questo senso e crea una sensazione di benessere, fiducia e positività.

Volendo semplificare potremmo dire che la nostra realtà psico-emotiva è fatta di mille sfumature di due sentimenti prevalenti: uno di sicurezza connesso alla crescita, alla riparazione dei danni, alla sazietà, alla calma e alla riproduzione. E l'altro di pericolo e paura che ci manifesta con odio, rabbia, aggressività, fuga e che porta l'organismo ad un logorio legato all'inibizione del sistema immunitario, all'accumulo di danni cellulari, a un'inibizione dello stimolo riproduttivo e perfino ad una riduzione della capacità di interagire con gli altri.

Vivere in una dimensione o nell'altra fa un'enorme differenza per la salute e in ultima analisi per la nostra felicità.

In termini pratici per aiutarci a superare una vita vissuta nella paura dobbiamo:

- ***Abbassare i livelli di vigilanza***: molto utili le tecniche di respirazione come la respirazione tattica, le tecniche di rilassamento in genere che aiutano ad attivare il sistema nervoso centrale all'intensità giusta rispetto alla situazione in cui ci troviamo.
- ***Aumentare i livelli di soddisfazione***: per questo aspetto è necessario fare delle riflessioni più profonde e consapevoli per arrivare a capire cosa conta davvero nella propria vita. Le pratiche di meditazione sono molto utili per arrivare a definire un nuovo quadro della propria esistenza, per imparare a praticare la gratitudine e diventare capaci di apprezzare ogni piccola sfumatura che la vita ci propone.
- ***Sfruttare il contatto fisico positivo***: al di là delle coccole con i familiari e di una sana vita sessuale con il proprio partner, il contatto fisico può divenire una parte integrante di un percorso di crescita e miglioramento personale inserendo per esempio nel proprio programma settimanale una seduta di massaggio. Questo può contribuire a aumentare il rilascio di ossitocina e di altre sostanze che promuovono il benessere fisico e psichico.

Come esercizio...

Prova a valutare i tuoi stati emotivi in termini di rilassamento (sicurezza) e tensione (minaccia) e a chiederti quali fattori ambientali determinano le transizioni da uno stato all'altro.

Sviluppare la capacità di interazione sociale

Si dice sempre che gli esseri umani siano animali sociali. Indubbiamente molto della nostra evoluzione, della nostra sopravvivenza e della nostra vita quotidiana dipende dall'interazione con gli altri. Se ci riflettiamo un attimo la caratteristica davvero peculiare della nostra specie è la meravigliosa, sofisticata e flessibile capacità di comunicare, di fare ragionamenti astratti, di immedesimarsi negli altri e di comprendere bene il loro stato emotivo.

Ma da cosa dipende esattamente questa fenomenale propensione a comunicare che mette l'uomo in una categoria a parte rispetto ad altri animali?

Il nostro complesso organismo e l'immensa corteccia di cui siamo dotati, hanno dato vita ad un sistema funzionale, un insieme cioè di nervi e organi periferici, che permette le basi della interazione con gli altri. Si tratta di un sistema che coinvolge occhi, orecchie, laringe, bocca, i nervi cranici, i muscoli della faccia ma anche quelli delle braccia, delle mani e delle spalle. Queste strutture governano funzioni fondamentali per l'interazione con gli altri e la comunicazione come lo sguardo, il tono della voce, la mimica facciale, la gestualità e la postura. Alcune di queste funzioni possono essere controllate ma altre no. Per questo espressioni come il sorriso possono essere solo parzialmente simulate.

Queste funzioni sono vitali nelle primissime fasi della vita, a supporto del legame tra mamma e neonato e alla creazione di un linguaggio espressivo comune comprensibile ad entrambi. Esse rimangono però di fenomenale importanza per tutta la vita perché da queste dipende in larga misura la qualità dei nostri rapporti con gli altri e l'efficacia della nostra comunicazione.

Ci sono però delle condizioni che bloccano e amplificano le capacità di interazione sociale. È intuitivo pensare che per esempio prima di un combattimento le nostre capacità di simpatizzare con gli altri siano ridotte se non del tutto assenti.

E infatti il nostro social engagement system viene letteralmente spento e inattivato in tutte le condizioni che prevedono minacce e difesa personale. La percezione infatti di uno stato di minaccia o di pericolo rende prioritaria la difesa personale e non certo l'interazione amichevole con gli altri. In queste condizioni l'attivazione del sistema nervoso simpatico (responsabile del promuovere risposte di combattimento e fuga) disinnesca il sistema di interazione sociale e lo spegne. In queste condizioni siamo meglio preparati alla battaglia. Al contrario quando la nostra percezione inconscia è di sicurezza e rilassamento, il sistema nervoso simpatico sarà controbilanciato e superato dall'azione del sistema nervoso parasimpatico (quello della calma e del rilassamento) e il social engagement system si attiverà al meglio.

Sembrerebbe un meccanismo perfetto o quasi e lo sarebbe se vivessimo in un mondo naturale fatto di minacce fisiche, violente ma rare intervallate da lunghi periodi di silenzio e pace. Del resto quello è il mondo in cui ci siamo evoluti e si tratta di un ambiente in cui l'ambiguità delle situazioni era indubbiamente ridotta. Una belva che ti assale non poteva che essere una minaccia, così come un incendio, un'alluvione o una tempesta.

Il mondo di oggi è diametralmente opposto. Influenzato dalla nostra evoluzione culturale ben più che da quella naturale, il mondo negli ultimi secoli si è progressivamente trasformato in un ambiente irriconoscibile rispetto a quello di una volta. Per certi aspetti ci è andata bene e ne siamo consapevoli ma per altri meno e spesso non ce ne rendiamo conto. Pensiamo all'inquinamento, allo stress, alle problematiche come l'ansia, la depressione, alle malattia tipiche da civilizzazione come il cancro, l'obesità, il diabete, l'infarto. Pensiamo alla longevità che abbiamo raggiunto che però è arrivata a discapito della qualità della vita.

Difficile fare un confronto tra il passato e oggi e ancora meno prevedere che pieghe prenderà il nostro futuro. Ma una cosa è certa: sul piano anatomico e fisiologico noi siamo molto più idonei al mondo che è scomparso che a quello che ci siamo creati. Abbiamo un corpo fatto per mangiare poco e muoversi molto e una mente programmata per vivere nel momento invece che rimuginare sul passato e stare in ansia per il futuro. Siamo bravi a gestire i pericoli fisici e meno le minacce psicologiche.

Se la fonte del nostro stress non è un animale ma sono il nostro datore di lavoro, il traffico, il matrimonio che non funziona, le problematiche economiche o la gestione di una salute precaria, sono elementi da cui non possiamo sfuggire del tutto. A causa di questo il sistema nervoso simpatico rimarrà perennemente attivo e impedirà al social engagement system di funzionare al meglio. Il meccanismo poi si propaga come un'infezione. Infatti ogni persona che circola nel mondo con un sistema di interazione sociale disattivato viene percepita a sua volta come una minaccia e promuove lo spegnimento del sistema di quelli che incontra. Ecco perché se prendete la metropolitana al mattino presto o all'ora del rientro in una grande città vedete migliaia di volti spenti, vuoti o perfino tesi, arrabbiati, disgustati. Siamo degli specchi e delle spugne.

Ma esistono delle pratiche deliberate che possono rafforzare il sistema di interazione sociale. In primo luogo tutte le tecniche di rilassamento che contribuiscono a ridimensionare la sensazione di pericolo e minaccia, lo stress e l'ansia per questo rendono possibile un miglior funzionamento delle nostre capacità di interazione e socializzazione.

Giocare è un'attività che può aiutare a ripristinare un buon equilibrio tra sistema nervoso simpatico e parasimpatico e a enfatizzare le capacità di interazione sociale. La natura attiva del gioco associata a regole chiare e un intento piacevole e amichevole, ne fanno un'attività molto terapeutica e rilassante. Le tecniche di respirazione addominale coinvolte in pratiche come lo yoga e la meditazione, stimolando il nervo vago, sono anche dei regolatori dell'equilibrio tra sistema nervoso simpatico e parasimpatico.

Ma esistono altri stimolatori del social engagement system che giocano un ruolo importante nella nostra vita. Il contatto oculare per esempio fornisce il migliore accesso alla realtà emotiva di una persona. Forse non a caso oggi sempre meno persone guardano diritto negli occhi quando parlano con qualcuno. Potrebbe essere dovuto al fatto che la maggior parte delle minacce viene in effetti percepita tramite la vista.

Per questo chiudere gli occhi genera un segnale di sicurezza e rilassamento in particolare se in parallelo si respira lentamente e con l'addome.

Uno dei metodi più efficaci per sviluppare maggior capacità di interazione con gli altri è di aumentare la propria consapevolezza su tre cose fondamentali:

1. il proprio stato emotivo;
2. la propria mimica facciale;
3. la mimica facciale degli altri.

In altre parole possiamo sviluppare una maggior capacità di analisi invece di essere completamente assorti nella discussione, presi dall'ansia di trovare una risposta adatta. Se dedichiamo un po' della nostra consapevolezza a come ci stiamo comportando noi e a come stanno reagendo gli altri possiamo davvero ottenere risultati sorprendenti.

Facci caso. Ti è mai capitato di venir fotografato a tua insaputa e di non gradire il risultato finale? Magari hai detto "che espressione terribile!" proprio perché quello che ti trasmetteva il tuo volto non ti piaceva? Magari vedevi rabbia, disgusto, tristezza? Quelle sottili variazioni nelle tue espressioni sono anche quelle che mandano i segnali agli altri. Regolare tali meccanismi non significa diventare falsi e recitare una parte ma semplicemente cercare di stabilire rapporti più lineari. Molte difficoltà di comunicazione nascono proprio dalla mancanza di chiarezza. Se racconti una barzelletta con aria triste sembri strano. Se fai i complimenti a qualcuno con un espressione disgustata non funziona. Non dimenticarlo.

Come esercizio...

Prova a valutare i volti delle persone che incontri. Inizia con sconosciuti e poi passa alle persone che conosci meglio. Valuta inizialmente solo in modo generico per sicurezza e minaccia. Poi puoi diventare più specifico e analizzare le sfumature.

La felicità non è uno stato ma un'abitudine

La felicità è ciò che tutti desideriamo. Al di là di soldi, longevità, divertimento, un lavoro che ci piaccia, quello che tutti, maschi e femmine, giovani e vecchi, vogliamo è essere felici.

Ma il concetto stesso di felicità viene visto da molti come distante, impossibile, buono solo per gli illusi. L'atteggiamento tipico nella società occidentale è che la felicità è qualcosa che appartiene agli altri e mai a se stessi e che per essere felici occorre essere un pochino stupidi, superficiali o molto fortunati, fatti di una stoffa diversa rispetto alla maggior parte di noi. Una certa impostazione culturale e filosofica ha perfino fatto dell'infelicità e della sofferenza esistenziale la condizione naturale dell'uomo, condannato sempre e comunque a soffrire. Questo luogo comune si è manifestato anche in una lunga serie di eroi del cinema, della letteratura, nella vita stessa di molti artisti e ha implicitamente collocato l'essere sereni e felici nella sfera delle condizioni banali, possibili solo in quelle persone che non colgono la vera profondità dell'animo umano.

Le cose stanno però esattamente al contrario. Ciò che viene facile a chiunque, senza sforzo alcuno, è il rassegnarsi al lato oscuro del mondo, alla tristezza, alla sofferenza, alla spietatezza della vita e della morte, agli intrighi maligni, alla mancanza di senso apparente dell'esistenza di ciascuno di noi. È facile soffermarsi solo sulle notizie tragiche, non dare peso alle cose e alle persone belle che ci passano accanto. È ben più semplice farsi trascinare in basso che spiccare il volo. La felicità infatti non è uno stato, una condizione che si ha o no, ma un'abitudine, una pratica che va costruita con certosina pazienza, arginando, sconfiggendo la micidiale tentazione di soccombere all'oscurità.

Ed è una pratica che va coltivata il prima possibile nella vita, prima che i circuiti nervosi che definiscono i nostri atteggiamenti siano irrimediabilmente consolidati.

Un primo cambiamento è quello di iniziare a comprendere e a percepire che essere felici è una modalità di relazione con la vita, un rapporto che, come tutti i rapporti, richiede aggiustamenti continui, adattamenti e interpretazioni. Ogni fase va abbracciata come parte della vita. La felicità vissuta in questo modo va oltre i singoli momenti, gli specifici stati d'animo e le singole parole che definiscono la nostra esistenza. Si tratta piuttosto della lingua che scegliamo di usare nel suo complesso, della melodia di base che definisce un rapporto con la vita, è la lente che ci mettiamo sugli occhi e che determina la gamma di colori che siamo in grado di cogliere.

Molto di questo ha a che fare con l'amore verso se stessi e con la gratitudine verso la vita e ciò che ci offre. La persona felice è una persona che si vuole bene e che è grata sempre e comunque per la vita in quanto tale.

La vita di ognuno di noi ha cose belle e cose brutte, cose che vorremmo che si ripetessero ogni giorno e altre che non vorremo vivere mai. Tra i limiti degli infelici c'è che tendono a pensare che le persone felici non vivano mai cose poco piacevoli. Allo stesso tempo, la loro innata tendenza all'ingratitudine, li porta a trovare una ragione per rattristarsi in ogni condizione, anche nella migliore.

Una persona felice invece, anche nella difficoltà, non perde di vista quel linguaggio, quella melodia di amore e gratitudine.

La vera felicità quindi non è uno stato che esiste quando il cervello è inondato da qualche neurotrasmettitore ma una capacità di affrontare noi stessi e la vita, di andare nel profondo e, nonostante tutto, di continuare a percepire amore e gratitudine. La vera felicità non è data dal piacere sempre agli altri, dall'avere successo, dall'essere ricco. Sono tutte cose che possono aiutare ma non bastano per essere davvero felici. La felicità non la si scopre mai all'esterno ma all'interno di noi stessi e sempre più in profondità di quello che pensiamo. La vera felicità la si vede negli occhi dei bambini e non scompare nemmeno quando piangono per qualcosa che gli è andato storto.

La ragione è che non perdono la fiducia nella vita, non gli passa nemmeno per la testa che vivere possa essere una brutta cosa.

La persona infelice (e ti prego di non prenderlo come un giudizio ma come un tentativo di spiegazione) non è semplicemente una figura ombrosa, scura, cupa ma un vero e proprio buco nero che succhia dentro di sé tutto, compresa la luce trasmessa dagli altri. Ecco perché non riesce mai a farsi illuminare dall'esterno. Cerca tutto e tutti ma ne risucchia l'energia senza trarne mai un vero beneficio.

Per riscoprire la vera felicità occorre smettere di rivolgersi verso l'esterno e iniziare un viaggio all'interno.

La ricerca ci dice che circa il 50% della nostra felicità dipende da un "set-point" genetico, il 10% soltanto dagli eventi che hai vissuto e il 40% invece dalle attività della tua vita quotidiana. Il "set point", ossia il punto di regolazione, determina di cosa abbiamo bisogno per essere felici e può essere più o meno elevato. Ma anche questo si modifica in base alle scelte che facciamo. Allora è dalla pratica deliberata della felicità che possiamo iniziare a riprogrammare la nostra mente e la nostra vita. Ecco alcune cose che i ricercatori ci consigliano di fare:

- *Prestare attenzione*: in questo senso praticare meditazione e mindfulness è molto utile in quanto aumenta la consapevolezza e ci rende più capaci di notare i piccoli dettagli che ci possono rendere felici.
- *Praticare la gratitudine*: vivere un senso di profonda gratitudine è molto connesso con la felicità in quanto ci fa notare che abbiamo abbastanza e che non ci serve di più per essere felici. Scrivere un diario permette di rendere più profonda la percezione di gratitudine.
- *Coltivare le amicizie*: dare e ricevere in modo spontaneo ci fa percepire di amare e di essere amati e quindi soddisfa un nostro bisogno primario senza il quale ogni forma di felicità risulta difficile.
- *Fare esercizio fisico*: l'allenamento regolare aumenta la nostra autostima e ci fa percepire noi stessi come forti e capaci. Inoltre l'esercizio fisico favorisce una corretta presenza di neurotrasmettitori nel nostro cervello capaci di regolare il tono dell'umore.
- *Praticare il perdono*: il perdono, praticato anche attraverso i mantra della meditazione o la preghiera, permette di liberarsi e liberare gli altri dai legami condizionati dei sensi di colpa.
- *Praticare la gentilezza*: Fare il primo passo, affrontare tutto con garbo e gentilezza ci permette di creare pace in noi ma anche di essere creatori di pace per gli altri.

Accettare passivamente la propria tristezza vuol dire decidere di fare la parte della vittima e di evitare così l'unica vera responsabilità che la vita ci impone: di viverla a pieno. Ma nei confronti di chi prendersela poi? Chi è l'aguzzino che ci trasforma in vittime?

Dobbiamo renderci conto che l'intera partita si gioca solo in noi stessi. Il perimetro del campo da gioco è la nostra esistenza e non esiste altro. Accettare la propria tristezza passivamente vuole dire decidere di non giocare e perdere quindi a tavolino. Prendere in mano la propria vita nel tentativo di costruire felicità non sempre porta ad una vittoria ma sicuramente ci darà la consapevolezza che abbiamo giocato con onore e che il gioco in quanto tale ci ha divertito e appassionato.

Come esercizio...

Scegli come praticare la felicità con almeno un gesto da inserire tutti i giorni a partire da oggi.

Gestire l'impulsività e rimanere motivati

Tutti sanno che cambiare stile di vita non è semplice. Noi esseri umani abbiamo una naturale tendenza a ricercare il piacere immediato e a non considerare i danni che a volte ne derivano a lungo termine. In sostanza siamo portati a considerare sempre come più importante l'uovo oggi che la gallina domani. Del resto, nella nostra storia evolutiva, puntare sul domani era una scommessa azzardata. Meglio prendere tutto subito.

Questa propensione emerge prepotentemente ogni volta che dobbiamo scegliere tra un gelato e un broccolo, tra il pesce azzurro e le patatine fritte o tra un aperitivo con gli amici e un allenamento in palestra. Non è questione di mancanza di forza di volontà, ma piuttosto di una programmazione comportamentale, frutto di una lunga storia evolutiva che trae la sua origine in tempi nei quali la vita era dura, il cibo scarso e il primario interesse non era certo la qualità degli anni dopo la pensione. Sappiamo però che cadere preda dell'impulsività porta solo ad un fugace momento di soddisfazione, quasi sempre seguito da una sorta di senso di colpa che ci lascia con l'amaro in bocca.

Cosa genera questa sensazione spiacevole? Il conflitto più o meno conscio tra ciò che sai essere giusto e ciò che costa meno fatica e dà più piacere al momento. I ricercatori la chiamano dissonanza cognitiva. Potrebbe essere definita come la guerra tra l'impulso di sopravvivenza (ormai piuttosto inutile ma ben radicato nei nostri circuiti nervosi) e il ragionamento cognitivo, infarcito di tutte le conoscenze e le regole che abbiamo appreso nel corso della vita.

I bambini sono un formidabile esempio di questo. Fin da piccoli tutti noi siamo mossi da primordiali comportamenti automatici che ci spingono a cercare di avere tutto subito nel tentativo di esplorare il mondo. I capricci e le scenate che spesso i più piccoli fanno sono frutto della frustrazione che nasce quando questi istinti vengono soppressi dalle esigenze sociali e dai genitori. Crescere equivale a raggiungere un equilibrio tra i tanti moventi interni e istintivi e le regole che passo dopo passo siamo costretti ad apprendere e ad accettare. Ma nessuno di noi cresce mai del tutto, fino al punto di liberarsi dalle spinte istintive, anche quando sono sostanzialmente nocive.

Una parte interna di noi continua a spingerci ad agire come se esistesse solo quel momento e, se lasciata sola al comando, ci condurrà sempre in un territorio per noi pericoloso.

I momenti in cui queste pulsioni si fanno sentire di più sono quelli in cui siamo esposti a qualche insuccesso, a qualche fallimento, piccolo o grande che sia, alla stanchezza o alla tristezza. In queste situazioni siamo più vulnerabili e saremo più facilmente portati a seguire qualsiasi impulso ci dia un'illusione di appagamento: la risposta irritata di cui poco dopo ci pentiamo, il dolce di troppo la sera davanti alla televisione, l'ennesima sigaretta fumata in fretta e furia per scaricarsi dalla tensione del lavoro sono esempi di comportamenti dettati da perdita di controllo e dalla ricerca di piacere e di appagamento immediati. Questi stessi comportamenti ci allontanano dai nostri obiettivi di salute e ci portano piano piano a perdere motivazione.

Come fare allora a contenere le risposte impulsive e a dirigere i nostri comportamenti nella direzione giusta senza, nel tempo, perdere la carica necessaria per il cambiamento?

Ecco cinque semplici strategie che possono aiutarti:

- *Rallenta*: i meccanismi impulsivi sfruttano la loro velocità per prendere il sopravvento sulla nostra ragione. Se escogitiamo qualche meccanismo che rallenti il loro percorso all'interno del nostro cervello, ci possiamo salvare. Facciamo un esempio: se tengo degli snack nel cassetto dell'ufficio, mi è molto facile allungare la mano per prenderli senza quasi accorgermene. Se invece devo scendere e andare in un negozio, mi ci vorrà più tempo e più organizzazione e questo toglierà velocità all'impulso. Cerca di crearti degli ostacoli ad hoc per frenare le tue debolezze.
- *Evita le trappole*: Oscar Wilde diceva: "Posso resistere a tutto tranne che alle tentazioni." Dovremmo ricordarci che questo è vero un po' per tutti. Tentare non vuol dire altro che mettere alla prova, sedurre, provocare. Allora più lontano stiamo dalle tentazioni e più ci sentiremo forti. Per esempio, mettersi a dieta quando in casa tutti mangiano male e troppo diventa un'impresa impossibile per chiunque. Dobbiamo cercare alleanze ed evitare le trappole.
- *Programma le giornate*: una delle ragioni per cui tanti prodotti poco sani, alimenti inclusi, sono diventati così presenti nella nostra vita è che sono comodi e ci fanno

risparmiare tempo. Programmare le proprie giornate è un modo per organizzarsi meglio e per avere quindi meno necessità di ricorrere a rimedi esterni. Il programma ci aiuterà a trovare tempo per l'attività fisica, a curare meglio la nostra alimentazione e perfino a inserire qualche tecnica di rilassamento, rispettando quelli che io definisco i quattro fondamenti di una vita sana.

- *Datti obiettivi di processo:* come abbiamo già sottolineato, si possono distinguere obiettivi di risultato o di processo. Riguardo alla perdita di peso, per esempio, un obiettivo di risultato è voler perdere dieci chili. Un obiettivo di processo, invece, è fare attività fisica ogni giorno. La differenza operativa è molto importante. Nel caso degli obiettivi di risultato, c'è il grosso rischio della frustrazione e della demotivazione. Anche se stai progredendo nella direzione giusta, l'ossessione del risultato finale potrebbe impedirti di vedere i tuoi miglioramenti. Se invece ti concentri su un obiettivo di processo, questo contribuirà a rafforzare la tua routine fino a dare vita a nuove abitudini. Saranno queste, poi, a portarti al risultato finale.

- *Aiuta qualcun altro*: tutti noi siamo inclini al vittimismo. Ogni problema che viviamo ci sembra unico, ogni sfortuna un cataclisma che capita solo a noi. In realtà il mondo è pieno di persone che hanno i nostri stessi problemi, quando non ne hanno addirittura di ben più gravi. Un modo molto efficace di imparare a darsi da fare per se stessi è aiutare qualcuno con un problema più grande del tuo. Devi perdere peso? Proponi un'alleanza e un aiuto ad una persona che deve perdere più chili di te. Vedrai che la concentrazione e l'energia che spesso non trovi per fare del bene a te stesso la sprigionerai per aiutare un altro.

Come esercizio...

Soffermati per un istante davanti ad una decisione e poni a te stesso una semplice domanda: "Sto dando il meglio di me?" Trasforma questa frase nella tua guida pratica di fronte ad ogni scelta.

La tua personalità determina il tuo livello di benessere

Ti sei mai accorto che alcune persone sembrano essere felici anche quando tutto gli va storto e altri invece non trovano mai pace anche se la vita sembra offrirgli tutto? La storia è piena di racconti di persone ricchissime, potenti e di successo tormentate e divorate da sensi di colpa, insoddisfazione e rabbia. Allo stesso modo, esistono persone che hanno oggettivamente attraversato enormi difficoltà senza perdere la propria serenità. Ma cosa fa la differenza? Quali sono le caratteristiche che distinguono gli uni dagli altri?

Secondo ricerche recenti ci sono alcune caratteristiche individuali, alcuni tratti della personalità, che sono in un certo senso predittivi dello stato di benessere di una persona. Coloro che esprimono queste caratteristiche, in modo spontaneo o grazie ad uno specifico lavoro di sviluppo personale, risultano essere più felici e avere un livello più alto di soddisfazione.

Esistono undici dimensioni del benessere, che sono state identificate attraverso protocolli di ricerca. Vediamole nel dettaglio:

1. Quantità di emozioni positive (frequenza elevata di umore ed emozioni positive).
2. Quantità di emozioni negative (frequenza elevata di umore ed emozioni negative).

3. Soddisfazione personale (percezione soggettiva positiva nei confronti della propria esistenza).
4. Autonomia (sentirsi indipendenti e resistere alle pressioni sociali).
5. Padronanza ambientale (abilità di influenzare l'ambiente esterno in base ai propri bisogni e desideri).
6. Crescita personale (continuare a svilupparsi invece di rimanere in uno stato predeterminato).
7. Relazioni positive (essere circondati da persone di cui ci si fida e che si fidano di noi).
8. Auto-accettazione (avere un'attitudine positiva nei propri confronti).
9. Scopo e significato della vita (avere un chiaro senso per la propria vita e/o una connessione con la dimensione spirituale dell'esistenza).
10. Impegno e interesse (essere assorbiti da e interessati a ciò che accade nella vita).
11. Realizzazione (avere la sensazione di progresso, risultato, padronanza e competenza).

In che tipo di persone ci sono maggiori probabilità di trovare queste caratteristiche? Sono stati proposti molti modelli in risposta a questa domanda. Ma proviamo a vedere in termini pratici quali caratteristiche possono associarsi meglio con le undici dimensioni del benessere:

- **Entusiasmo**: le persone con molto entusiasmo risultano essere più amichevoli, socializzano meglio e si divertono molto di più di altri. L'entusiasmo porta a una dose minore di emozioni negative, a maggior auto-accettazione, senso di scopo, crescita personale e significato.
- **Bassa tendenza alla rinuncia**: rinunciare facilmente significa essere spesso scoraggiati e abbattuti. Questo

comporta una maggior suscettibilità alla depressione e all'ansia. Un scarsa propensione a rinunciare alle sfide porta invece ad una maggiore padronanza ambientale, a più autonomia, senso di scopo e crescita personale.

- **Operosità**: le persone operose ci tengono ad ottenere risultati, sono disciplinate, efficienti e competenti. L'operosità è strettamente connessa con la grinta, una caratteristica che porta alla perseveranza e dunque alla maggior probabilità di ottenere i risultati voluti. Anche l'operosità risulta associata a padronanza ambientale, crescita personale, auto-accettazione e senso di significato.
- **Comprensione altruistica**: occuparsi degli altri è una delle pratiche più connesse con il benessere e nello specifico con la crescita personale e l'auto-accettazione.
- **Curiosità intellettuale**: essere curiosi e aperti significa anche riflettere a fondo sulle proprie esperienze di vita. Questo aspetto è particolarmente connesso con la crescita personale, la padronanza ambientale e l'autonomia.
- **Assertività**: essere assertivi significa essere capaci di esprimere in modo chiaro ed efficace le proprie opinioni ed emozioni, senza diventare arroganti o disinteressarsi alle opinioni altrui. Questa caratteristica è in particolare legata all'autonomia, che però a sua volta può incidere sulle emozioni negative in quanto genera una sensazione di isolamento e di solitudine quando ci porta a uscire dal branco e ad essere eccessivamente anticonformisti.

La cosa interessante è che si può lavorare su se stessi al punto da promuovere lo sviluppo di quei tratti maggiormente associati al benessere. Questo percorso può essere intrapreso sia personalmente, magari usando strumenti come il diario, la *mindfulness* o la meditazione per dare vita a un ecosistema emotivo diverso, o lavorando con un coach o uno psicologo quando esiste la necessità di interventi più profondi. Al di là del metodo scelto, quello che conta è tenere presente che la personalità e il carattere sono modellabili al punto da generare una propensione più o meno manifesta per un senso di completo benessere.

Come esercizio...

Prova a valutare quante di queste sei caratteristiche sono ben rappresentate in te e cosa fare per fare crescere quelle poco espresse.

Profondità e non superficialità

In un'epoca di ultra-specializzazione raramente si prova a tracciare la connessione tra elementi apparentemente distanti fra loro. Così, il mondo della prestazione mentale e lavorativa viene visto come separato da quello della salute (come se una persona in pieno benessere rendesse quanto una malandata), il cuore è considerato come totalmente sconnesso dall'intestino e la gamba sinistra non ha nulla a che fare con la gamba destra.

Sappiamo però che queste semplificazioni non riflettono la realtà degli esseri viventi, che funzionano, invece, come sistemi integrati capaci di adattarsi costantemente all'ambiente in cui si trovano a vivere. Proprio questo aspetto dell'adattamento però viene in qualche modo modificato da un mondo che non può più essere definito come naturale, in quanto è il risultato di un'evoluzione culturale e tecnologica che l'ha profondamente cambiato. I nostri comportamenti sono oggi influenzati da fattori ben più complessi e numerosi di quelli con cui la nostra specie ha avuto a che fare nella sua intera storia. E tutto questo è accaduto in tempi molto brevi, se consideriamo che l'innovazione tecnologica degli ultimi cento anni supera di gran lunga tutto ciò che è accaduto in centinaia di migliaia di anni precedenti.

In sostanza, senza che noi ce ne accorgiamo, la nostra mente si trova ad agire in un contesto ambientale che non ha nulla a che fare con quello per la quale è stata programmata.

Poiché dalla mente dipende tutto, comprese le scelte relative alla nostra salute, tutto ciò spiega come mai i comportamenti di molti continuino a essere incomprensibilmente rischiosi. Fumo, abuso di alcol, sorpassi azzardati, guidare mentre si mandano messaggini, abbuffarsi di cibo malsano sono esempi di azioni irrazionali, rischiose e controproducenti che vengono adottate perché la mente è distratta, sovraccarica e alla ricerca di qualche meccanismo di compenso. Non essere sufficientemente concentrati su ciò che si sta facendo, nell'illusione che il multitasking sia una nuova facoltà cerebrale, non porta a fare molte cose in parallelo ma a farne tante male.

Vari studi suggeriscono che la maggior parte dei lavoratori di oggi passa più del 60% del tempo a navigare su Internet e che il 30% del tempo è dedicato a rispondere alle mail, con effetti disastrosi sulla produttività. Il lavoro, così come la maggior parte dei nostri pensieri, è svolto ad alta velocità e in modo superficiale e confuso, generando così solo azioni poco efficaci. Questo ha come conseguenza una ridotta capacità di portare a termine i propri obiettivi, il che a sua volta genera stress e frustrazione: un vero e proprio circolo vizioso.

Sebbene sia un'enorme risorsa e nessuno possa pensare di non utilizzarla nel mondo di oggi, è evidente che la rete sta prendendo a picconate la nostra capacità di concentrarci. Forse il problema sta nell'imparare a usarla per sfruttare meglio le capacità del nostro cervello, invece di finire con il permetterle di trasformare il modo in cui pensiamo e viviamo.

Il nostro cervello, per esprimere il meglio di sé, ha bisogno di lunghi periodi di concentrazione su un singolo compito per eseguirlo davvero bene. Se vogliamo vivere la vita a pieno dobbiamo farlo ai nostri termini e non a quelli di un computer. Possiamo quindi pensare di riguadagnare il controllo attraverso alcuni semplici interventi.

- *Ritagliati dei momenti di lavoro profondo*, di organizzazione dei tuoi comportamenti, di analisi degli obiettivi. Fallo senza Internet, magari anche senza computer, con un foglio e una penna o un libro. Impara a controllare quel desiderio di distrazione continua a cui computer, telefoni, tablet hanno abituato la nostra mente.
- *Riscopri la bellezza della noia.* Se sei in coda e devi aspettare, prova a usare la tua immaginazione e i tuoi pensieri invece che lo smartphone. Vedrai quante idee in più ti verranno! Nel lavoro cerca di fare una cosa alla volta e al meglio, selezionando dei tempi specifici per tutto.
- *Goditi un maggior senso di controllo*, che permette non solo di ottenere maggiori risultati, ma anche di sentirsi meglio. Il senso di controllo fa reggere molto meglio anche gli stress.
- *Impara a gestire gli impulsi della mente* e le sue richieste di intrattenimento: questo vuol dire anche diventare più bravi a controllare il desiderio di cibo, di alcol, di fumo, l'irritabilità e l'ansia che sono semplicemente tentativi di fuga di un cervello sotto pressione e che possono essere gestiti anziché subiti.

Profondità rispetto a superficialità. Il modo di lavorare riflette il modo di ragionare che a sua volta determina i comportamenti individuali e sociali. Spostati verso la profondità perché una vita profonda è meglio ancorata di una vissuta nelle turbolenti correnti della superficie.

Come esercizio...

Soffermati sui tuoi livelli di concentrazione e prova a calcolare quanti minuti al giorno passi in uno stato di vera concentrazione profonda e quanti, al contrario, in preda alla distrazione.

Ognuno di noi può fare la differenza

Si stima che nel prossimo ventennio il costo globale delle malattie croniche sarà di circa 47 trilioni di dollari. Un trilione corrisponde a un milione di bilioni, tanto per intenderci. Queste malattie uccideranno il doppio delle persone in tutto il mondo rispetto alle malattie infettive. Si tratta di una vera e propria emergenza, ben più allarmante e reale delle ipotetiche pandemie infettive che occupano spesso le prime pagine dei giornali ma che, per fortuna, almeno fino ad ora, non sono mai state così devastanti come previsto. Cosa stiamo facendo per contrastare questo disastro? Non abbastanza.

La medicina moderna è in affanno perché ha scommesso tutto sulla cura della malattia e troppo poco sulla sua prevenzione. È efficace nel gestire le manifestazioni acute ma questo la rende poco interessata ad andare alla radice dei problemi fino a modificare la causa stessa della malattia.

Ma ci sono altre ragioni più profonde e individuali che rendono difficile un lavoro che vada alla radice del problema. Sono ragioni legate all'assumersi la responsabilità della propria vita, invece di delegarla a un tecnico, il medico. Sono ragioni che hanno a che fare con il cambiare il proprio modo di vivere prima di doversene pentire quando è troppo tardi.

Ma per fare questo salto di qualità ci vuole coraggio: il coraggio di curare quella contraddizione che ci porta a rovinarci la salute nell'illusione di goderci la vita.

Occorre una nuova cultura dell'esistenza, non semplicemente della salute, una cultura che accoppi piacere oggi a serenità domani e che ci insegni ad andare alla ricerca di significato profondo invece che di appagamento superficiale.

Quando si suggerisce questo alle persone spesso la reazione è di stupore: "è difficile", "non so come fare", "è un'impresa troppo grande", ci si sente rispondere. Sì, è difficile, ma non impossibile. Ognuno di noi può fare la differenza per sé, per gli altri e per il pianeta intero. In giro per il mondo ci sono storie che lo confermano, ogni giorno. Storie di cambiamento, di amore, di altruismo, di eroismo, di aiuto, di conquista. Storie di tenerezza che smuovono le anime di chiunque le incontri.

In genere non serve molto per toccare l'animo umano. Spesso ad essere più potenti sono i gesti molto semplici. Piccole attenzioni che arrivano dirette al cuore, cosa di cui oggi ci dimentichiamo troppo spesso. Dire un semplice "grazie", "ti amo", "ti voglio bene" oppure chiedere semplicemente scusa quando si sbaglia sono comportamenti liberatori che ci portano all'essenza delle relazioni e mettono a nudo i nostri sentimenti. Non c'è nulla di più bello di questo.

Ecco qui tre consigli da cui partire:

1. Escogita un'azione chiave che possa portare benefici e gioia a più persone possibili. Può trattarsi di benefici per la tua famiglia o per un gruppo di amici o colleghi, non ha importanza. L'importante è che sia qualcosa che smuove te e loro, qualcosa di cui gli altri si accorgono perché migliora la loro vita. Non avere paura di mostrare l'amore e la tenerezza che puoi dare al mondo.
2. Identifica un sogno della tua vita e trova la chiave sepolta per aprire il cassetto in cui l'hai rinchiuso tuo malgrado. I sogni sono la forza vitale che plasma l'esistenza e che non possiamo mai permetterci di far morire.
3. Immaginati come vorresti essere a ottanta o novant'an-

ni e pensa a qualcosa che puoi fare ogni giorno perché quell'immagine diventi realtà. Ricordati sempre che le azioni di oggi determinano chi sarai domani, per quanto piccole siano.

Vivere bene non è possibile fino a quando non si riesce a lasciare andare, a capire che non abbiamo nulla da perdere. Questo vuol dire in sostanza rimanere connessi con la propria mortalità, non in modo macabro o triste, ma al contrario proprio per rafforzare la gioia della vita.

Come esercizio...

Prova a pensare, in modo concreto, a tutte le cose sbagliate che potresti fare per peggiorare il tuo futuro. Quando le hai chiare, inizia a fare il contrario!

Apprendimento, cambiamento e crescita

Sempre più abituati ad avere tutto subito, ci siamo dimenticati dell'importanza dei piccoli passi. La biologia, ossia lo studio della vita, ci insegna che tutto ciò che ci riguarda deriva da un lentissimo processo evolutivo fatto di milioni di anni senza strappi, accelerazioni o rivoluzioni. Anche se su scala diversa, esattamente la stessa cosa accade al neonato e al bambino che, giorno dopo giorno, acquisisce capacità sempre maggiori fino a diventare adulto.

Cambiare vuol dire in sostanza acquisire nuove modalità di comportamento e questo non avviene mai attraverso salti o balzi ma grazie a una serie di progressioni incrementali a volte impercettibili eppure ben presenti.

Se definiamo il successo nella vita come la capacità di darle un corso voluto, questo senza dubbio dipende proprio da quanto bravi siamo a gestire apprendimento e cambiamento nel corso del tempo.

Analizzare l'alta prestazione può essere utile per capire questi concetti: musicisti, atleti, pittori, grandi scienziati hanno tutti in comune la dedizione e un numero enorme di ore passate a migliorare le loro capacità e a coltivare il loro mestiere. Il talento c'entra davvero poco. Quello che conta è l'allenamento, la pratica che, gesto dopo gesto, porta vicini alla perfezione. L'unico talento forse è quello di essere in grado di tollerare questo regime di impegno e dedizione. Chi emerge fa di più, mai di meno degli altri.

Alcuni ricercatori hanno dimostrato come questa pratica ripetuta porti a una sorta di stato di grazia chiamato in inglese *flow*, ossia flusso, nel quale l'energia scorre perfettamente e ci si distacca dalla realtà esterna. È uno stato simile a quello indotto dalla meditazione, in cui lo stress si abbassa e la persona diventa un tutt'uno con il compito che deve eseguire.

Ma se diventiamo capaci di vedere la vita come un continuo processo di apprendimento, cambiamento e crescita, come cambia la nostra prospettiva sul diventare vecchi?

Quello che interpretiamo come un progressivo decadimento non potrebbe essere visto invece come un percorso da sfruttare per far emergere quelle caratteristiche che da giovani sono assenti?

Esperienza, saggezza, forza morale, lungimiranza, comprensione sono tutte caratteristiche attribuite, nelle culture tradizionali, ai vecchi saggi. Nella nostra società invece gli anziani, relegati nel ruolo di esseri non produttivi, si perdono in anni di sofferenza, malattia e solitudine. Certo, possono esserci malattie a complicare la vita delle persone che invecchiano. Perdite, lutti e difficoltà si sommano con il passare degli anni. Ma la prima cosa che manca a queste persone è un senso di identità, un ruolo che mantenga integra la loro dignità e che offra loro un senso di utilità fino alla fine. Questo si può costruire, ma occorre partire molti anni prima, in un momento della vita in cui pochi pensano alla qualità del loro invecchiamento. Iniziare a quaranta o cinquant'anni a sviluppare quelle componenti emotive che diventeranno essenziali nell'ultimo periodo della vita può essere una strategia davvero vincente.

Abituarsi a lasciare andare, coltivare un certo distacco dalle cose materiali della vita, riconnettersi con la bellezza della natura, essere capaci di tollerare l'immobilità, il silenzio, lo scorrere lento delle ore rappresenta un allenamento a ciò che dovremo accettare più avanti. Sono situazioni che possiamo vivere come una perdita, come una conseguenza del degrado dato dagli anni che passano. Oppure possiamo vederle come una conquista, una naturale conquista dopo un lungo cammino.

È un po' come essere capaci di cavalcare l'onda della vita al massimo, senza perdere però la consapevolezza che ad un certo punto l'onda inevitabilmente si infrangerà. Anzi, forse è proprio quella consapevolezza dolce e amara a rendere memorabile ogni istante sulla cresta dell'onda.

E quando arriva il fatidico momento in cui l'onda si spezza e si rompe, il surfista esperto sa bene come comportarsi, non è né sorpreso, né tanto meno deluso. Sa di avere le capacità per finire sotto acqua senza panico.

La maggior parte di noi non vive così. Arriviamo a barcamenarci in cima all'onda sempre pieni di paura di cadere, incapaci di goderci lo splendore dell'istante, costantemente preoccupati di ciò che accadrà quando l'onda finirà. E quando arriva il momento siamo poi impreparati, sorpresi, delusi e a volte veramente disperati.

Ma dobbiamo convincerci che invecchiare non è affatto brutto. Semmai, ciò che rende la vecchiaia difficile è la rassegnazione, la perdita di scopo e di ruolo, la mancanza di una forza interiore che ci permetta di accettare e lasciare andare con serenità.

Visto in questo modo il passare del tempo può essere una

splendida opportunità per prepararsi alla vita e alla sua fine. Per provare a sviluppare quel senso di pace e serenità che si vede sempre più raramente negli occhi degli anziani nelle nostre città. Quello sguardo che rassicura tutti perché è lo sguardo di chi ha visto la tempesta con i suoi occhi ed è ancora qui, sereno e in pace con se stesso.

Se vuoi vivere bene, coltiva quello sguardo, fai crescere quella forza. Decidi di non vivere una vita in fuga, affrontala a pieno petto perché è così che va vissuta.

Come esercizio...

Trova un termine che definisca la tua vita a vent'anni, a quarant'anni, a sessant'anni, a ottant'anni e a cento anni. Un termine che ti emoziona e che rappresenta come sei stato nel passato e come vorresti essere nel futuro.

La strategia dei piccoli passi

Obiettivi chiari, concentrazione, dedizione e pratica quotidiana sono le caratteristiche che fanno la differenza quando vogliamo apprendere, cambiare e salire gradino dopo gradino la scala del miglioramento personale. La stessa procedura di disciplinata ripetizione di una pratica è anche la chiave per imparare a ridurre lo stress e ritrovare la serenità. Non basta il corso di yoga o meditazione una volta alla settimana, ma il loro inserimento in ogni singola giornata è ciò che può fare la differenza.

Pur essendo un impaziente di fondo, anch'io nel mio piccolo ho imparato ad adottare una strategia dei piccoli passi. L'ho usata per costruire il mio corpo, per imparare materie nuove, per lanciare nuovi progetti e attività imprenditoriali e per crescere sul piano emotivo, mentale e spirituale. A pensarci bene, mi è sempre venuto istintivo costruire un mattone alla volta, anche quando vedevo certe persone starsene comodamente sedute in attesa di un evento che trasformasse improvvisamente la loro esistenza. La maggior parte di loro è ancora ad aspettare, mentre la vita gli scorre davanti agli occhi. Ognuno ha la sua velocità di sviluppo, ma chi raggiunge degli obiettivi ha ben chiaro che le cose si costruiscono un passo alla volta.

Allora voglio darti alcuni suggerimenti pratici per provare a prendere in mano la situazione ed essere proattivo, qualsiasi sia il traguardo che vuoi raggiungere.

1. Coltiva la necessità di agire

Non basta sentire un vago desiderio di cambiamento. Per raggiungere i propri obiettivi occorre **sentire il fuoco dentro**, occorre avvertire una sorta di urgenza, di irrefrenabile desiderio di trasformarsi e di evolversi. Prendere nota di tutto ciò che non va e di quello che si vuole cambiare contribuisce a strutturare il desiderio. Classificare in ordine di importanza le tappe del cambiamento aiuta a creare delle **priorità**.

2. Diventa specifico sia sugli obiettivi che sugli ostacoli

Non basta dirsi "Vorrei perdere peso" o "Vorrei essere meno stressato". Occorre essere precisi e prefiggersi un numero di chili da ridurre o quanti minuti ogni giorno dedicare alla meditazione o ad un'altra tecnica di rilassamento. **Gli obiettivi specifici sono quantificabili e verificabili**, quelli vaghi no. È necessario, però, essere precisi anche per quello che riguarda gli ostacoli. Non chiamarli imprevisti: la maggior parte dei rallentamenti nel nostro percorso sono assolutamente prevedibili e gestibili. Le cene con gli amici, gli orari di lavoro impossibili sono ostacoli specifici a cui bisogna porre rimedio in anticipo. Che ci siano gli "imprevisti" è in realtà una delle cose davvero prevedibili.

3. Preparati ad adattare il percorso

"Se accade questo allora farò così." Questo è l'approccio mentale giusto che permette di adattare in modo intelligente il percorso senza perdersi. La maggior parte degli ostacoli è prevedibile, ma anche se dovessimo affrontarne qualcuno davvero "imprevedibile" possiamo avere pronta una **contromisura adatta a minimizzarne l'impatto**. Per esempio, se ho fatto tardi e devo saltare l'allenamento in palestra potrò approfittarne per fare più stretching a casa. Ancora meglio se riesco a creare delle categorie di ostacoli a cui abbinare una categoria di risposte: mancanza di tempo = riduco allenamento e faccio a casa; stress e tensione = mi alzo prima e medito prima di andare a lavorare; voglia di dolci = pianifico e mi concedo un'eccezione godendomela.

Cambiare e tirare fuori il meglio di sé non è impossibile. Anzi, siamo tutti capaci quando la vita ce lo impone, quando l'obiettivo è così forte e sentito che ci riempie di energia. Eroi non si nasce ma si diventa, giorno dopo giorno, rincorrendo i proprio sogni con il lavoro e la dedizione.

Come esercizio...

Soffermati sugli ostacoli che hai di fronte nel tuo percorso di cambiamento e definisci una specifica contromisura per ciascun ostacolo.

Le 5 mosse verso la positività

La maggior parte di noi cittadini del mondo occidentale vive oggi molto meglio di come si viveva anche solo poche decadi fa. Eppure sembra che proprio a noi, più che ad altri, manchi sempre qualcosa. Molto spesso ci troviamo a vivere un latente senso di insoddisfazione per il presente e un'ansia per il futuro che minano la qualità della nostra esistenza.

Per vincere queste problematiche psico-emotive occorre dotarsi di una specifica capacità di allontanare la negatività e la paura che ci condizionano e di vivere guardando a tutto ciò che abbiamo invece che alle cose che ci mancano, alle tante sicurezze invece che alle poche minacce, alla dolcezza della vita nel suo complesso invece che all'amarezza di qualche singola esperienza.

I risultati di alcune ricerche ci forniscono le cinque mosse fondamentali per potenziare il nostro umore, uscire dal circolo vizioso della negatività e riuscire a vedere la vita attraverso una lente positiva e trasparente.

1. Immergiti nella natura

Troppe ore passate al chiuso tra casa e ufficio hanno un effetto negativo sulle emozioni. Se poi il poco tempo che passiamo all'aperto è nel grigio e nello smog di una città ancora peggio. Molti studi hanno dimostrato come l'uomo necessiti dei colori, dei rumori e degli odori della natura per stimolare un effetto positivo sul tono dell'umore.

2. Abbraccia le persone che ami

Il contatto fisico stimola la produzione di ossitocina, un ormone anti-stress che amplifica il senso di sicurezza, pace e fiducia in se stessi e negli altri. Coccole, abbracci e altre forme di contatto fisico dolce tra partner, con i propri figli o perfino con il proprio animale domestico hanno un vero e proprio effetto terapeutico sul corpo e sulla mente.

3. Tappati più spesso le orecchie

Ascoltare un telegiornale oggi mette a dura prova anche le menti più positive e serene. Per stare bene occorre circondarsi di cose belle e positive e diventare un po' immuni al bombardamento di notizie negative e alle barbarie della cronaca nera. Cerca dunque di limitare al minimo l'esposizione alle cattive notizie ed evita completamente di immergerti in letture o trasmissioni televisive macabre e morbose che non fanno altro che aumentare ansia, paura e disgusto.

4. Scegli gli amici giusti

Vale la pena cercare di stare con persone che tirano fuori il meglio di te. Se sei parte di una rete di fumatori, di bevitori, di sedentari o di persone ansiose e negative, è più facile che tu ne sia contagiato. Ma anche il contrario è vero. Circondati di contatti interpersonali vitali e sani e questi trasformeranno la tua vita. Per esempio, uno dei metodi più efficaci per iniziare a fare attività fisica con regolarità è affiancare un amico che ha già l'abitudine allo sport.

5. Pratica il non giudizio

Il giudizio è una delle attività in cui il nostro cervello è costantemente coinvolto, con elevato consumo di risorse mentali ed emotive. Prova a decidere di non giudicare, di non dire la tua su tutto, su tutti e perfino su te stesso, ma di osservare ciò che accade nel corso della giornata pensando che in fondo giudicare non serve a nulla, se non ad innescare quasi sempre emozioni negative. Oppure prova a concentrarti sui giudizi positivi che potresti dare, sui doni di gentilezza che potresti offrire agli altri, sulle mille attenzioni che nel corso di una giornata possono fare la vera differenza tra il grigio e i colori splendidi della vita.

Oggi più che mai abbiamo tutti un bisogno estremo di una cultura della positività, della serenità e dell'accettazione, di un nuovo atteggiamento mentale che ci dia qualche chance in più di stare meglio come individui e come società.

Come esercizio...

Per le prossime cinque settimane prova ad inserire almeno una delle azioni sopra menzionate per due giorni in ciascuna settimana e rifletti sugli stati d'animo che emergono.

Coltivare la concentrazione mentale

Quante volte al giorno ti capita di guardare il telefonino anche quando stai facendo qualcosa di importante? Secondo alcuni dati guardiamo il cellulare almeno 85 volte al giorno. Passiamo cinque ore al giorno su internet e due di queste ore sono di totale distrazione. Subiamo, o sarebbe meglio dire cerchiamo, una distrazione ogni undici minuti. E in media sono necessari 25 minuti per tornare ad una condizione di massima concentrazione. Altri sostengono che in media una persona controlli le mail ogni cinque minuti e che ci voglia più di un minuto per ritornare concentrati a sufficienza da ripartire. Quindi solo le mail ci costerebbero un minuto ogni sei.

Al di là dei dati, senza dubbio siamo perennemente distratti e deconcentrati. E poi ci stupiamo se il mondo tende ad andare a rotoli! La maggior complessità della società di oggi richiederebbe di poter contare sulla totalità dei neuroni di tutti e invece siamo una specie che lavora molto meno e molto peggio di quanto potremmo.

Ma la distrazione è qualcosa che ricerchiamo attivamente con lo stesso meccanismo perverso che genera le dipendenze: più ti distrai e più bisogno hai di distrarti. E, nel tempo, più perdi la capacità di concentrarti.

La concentrazione è possibile solo quando si sceglie un'opzione e si evitano tutte le altre. Concentrarsi vuol dire escludere, vuol dire restringere volontariamente le proprie opzioni per mettere tutta l'energia su un singolo elemento. È un po' come passare da un sistema di illuminazione diffuso ad un occhio di bue o spot che tiene al buio tutto tranne il protagonista principale. Non può esservi concentrazione senza l'esclusione delle altre opzioni rispetto a quella scelta. Posso decidere di lavorare ad un libro, per esempio, ma se in parallelo non rinuncerò a guardare il telefonino, a seguire l'impulso di controllare le mail, a cercare su internet qualcosa che voglio acquistare, concluderò ben poco. Ecco perché il multitasking è un mito pericoloso. Di fatto chi adotta questo modo di lavorare finisce con il fare molte cose assieme e per questo tutte male. Inoltre, proprio perché viviamo nel mito del multitasking, rischiamo di non saper mai scegliere quali opzioni escludere per poterci concentrare su qualcosa. Per molti la difficoltà di concentrazione è legata proprio a questo. E il non scegliere porta il nostro cervello a rimbalzare continuamente tra una richiesta e l'altra senza avere mai tempo sufficiente per funzionare al meglio. Vediamo quali sono i passi per ottimizzare la propria capacità di concentrazione:

1. Il primo passo è quello di **selezionare** e considerare tutto ciò su cui non vuoi concentrarti non semplicemente come una seconda priorità ma come qualcosa da evitare a tutti i costi.
2. Il secondo elemento è **creare una barriera** tra te e le distrazioni. Prova a mettere il telefonino in un cassetto, a staccare internet se devi semplicemente scrivere, a cambiare luogo se quello dove in genere ti trovi rende difficile la concentrazione. Allontanare da te le fonti di distrazione rende più difficile lasciare che ti invadano tuo cervello.

3. Un altro aspetto importante consiste nel **creare un rituale** attorno alla tua concentrazione. Se ti è possibile crea un tuo luogo ideale in cui concentrarti al meglio, decidi che per concentrarti ti concederai un buon caffè o un buon tè, qualsiasi cosa contribuisca a creare un'atmosfera che con la pratica contribuirà a renderti più concentrato. Tutte le grandi menti nella storia dell'umanità hanno sviluppato rituali e pratiche finalizzate a migliorare la gestione della loro mente.
4. La creazione di un rituale aiuta anche a **innamorarsi del processo** e a non focalizzarsi troppo sull'obiettivo. Quello che deve iniziare a piacerti è lavorare in modo concentrato, dando libero sfogo al tuo potenziale, e non semplicemente ottenere un buon risultato. Tanto più che il buon risultato dipende in ultima analisi da quanto sei stato concentrato. Facciamo un esempio tipicamente inerente allo stato di salute: la perdita di peso. Ogni persona sovrappeso tende a focalizzarsi sul risultato numerico, cioè sui chili in meno, da raggiungere. Ma l'unico modo per raggiungerlo, in realtà, è innamorarsi del mangiare correttamente e fare regolarmente allenamento. Quelli a cui questo accade sono gli unici che eliminano il problema per sempre.
5. Per concentrarsi bene è importante **nutrirsi e idratarsi** correttamente (vedi appendice). Il cervello ha bisogno di energia. Quindi pianifica gli snack, tieni una bottiglia di acqua a disposizione, ricambia spesso l'aria della stanza. Il cervello non riesce a fare tirate troppo lunghe. Impara quindi a fermarti qualche minuto ogni 45-50 minuti.

Il miglior modo per praticare queste tecniche è iniziare selezionando un'ora al giorno da dedicare al lavoro profondo e concentrato. Nel tempo le ore potranno aumentare, ma già una sola ora, fatta al 100% del tuo potenziale, fa un'enorme differenza.

Secondo il ricercatore Mihály Csíkszentmihályi il massimo grado di prestazione e concentrazione si ottiene in uno stato che definisce *flow* (letteralmente flusso). Si tratta di una condizione di stato di grazia in cui, anche sotto sforzo, tutto sembra naturale e facile. Il flow coincide con uno stato di perfetta armonia tra interno ed esterno, di massima sincronia psico-fisica e coerenza tra aspettative e risultati. Si associa ad alta prestazione, massima soddisfazione, elevata motivazione e a una percezione di sforzo/non sforzo: sembra, cioè, che il compito non costi fatica.

Il flow si genera logicamente solo quando la persona percepisce che la sfida che deve affrontare è sostenibile sulla base delle risorse e delle competenze che possiede.

Per raggiungere il flow dobbiamo muoverci su vari livelli:

- Avere obiettivi chiari e delineati, che siano in sintonia con i nostri bisogni e valori profondi e che siano per questo in grado di dare felicità.
- Aver superato la fase di automaticità attraverso la pratica deliberata (magari avvicinandoci alla soglia delle 10.000 ore di pratica per essere veri maestri) e questo ci farà trovare la motivazione giusta.
- Aver coltivato una concentrazione ottimale attraverso la creazione di vere e proprie oasi di calma (ore sacre) che ci fanno essere assorti.
- Essere in grado di rimanere nel qui e ora attraverso la pratica della *mindfulness*, cosa che permette di avvicinarsi alla pace interiore o all'estasi

Per entrare in una condizione di flow occorre affrontare una sfida alla volta, gestire gli ostacoli che incontriamo, costruire passo dopo passo le risorse necessarie, dedicare il tempo necessario alla pratica.

Come esercizio...

Prova a fare come facevi da bambino. Perditi in qualche attività che ti piace senza orologio, senza telefonino, senza cognizione del tempo che passa. Lasciati andare al solo piacere di ciò che stai facendo.

Scoprire i tuoi veri bisogni

Molti di noi accettano di vivere una vita a metà. A molti capita di crescere, vivere e morire senza quasi rendersene conto, senza mai arrivare a farsi delle vere domande né tantomeno a darsi delle vere risposte. Questa è forse l'unica cosa veramente triste della condizione umana: la quantità di potenziale sprecato e sacrificato sull'altare delle paure, dei dubbi, delle reticenze e delle false soluzioni.

Il modo in cui veniamo educati ha molte responsabilità in questo. Siamo condizionati a pensare che il giusto cammino da seguire sia quello che la società ci prepara. Pensiamo che ripercorrere la strada fatta da altri sia un approccio più sicuro che cercare la strada giusta per noi. Così facendo mettiamo in secondo piano i nostri veri bisogni per ritrovarci, decadi dopo, con la sensazione di non aver avuto modo di vivere la vita a pieno.

Ma basterebbe imparare a farsi le giuste domande e a rispettare le risposte che emergono per condurre una vita radicalmente migliore. Ognuno di noi è l'espressione dei bisogni che prova a soddisfare e delle abitudini che adotta nel corso del tentativo. Tutto ciò che ci sembra così complesso e difficile da interpretare è il risultato di variabili piuttosto semplici. Se non ci fossero così tante influenze esterne a disturbare il nostro percorso di sviluppo, probabilmente ognuno di noi avrebbe molte più chance di realizzarsi e di raggiungere i propri obiettivi. Se non ci fossero i simboli del presunto successo ad agire come sirene che ci portano lontani dalla nostra rotta, se non ci fossero la paura di sbagliare, il terrore di essere diversi e di rimanere soli, il nostro cammino sarebbe più appagante.

La società di oggi ci fa vivere tra l'incudine dell'ipervigilanza e il martello dell'iposoddisfazione. Da un lato siamo costretti ad una condizione di tensione cronica, di continuo stress a causa degli eccessivi stimoli, dei pericoli reali e immaginati, dell'influenza nefasta dei media, delle nostre mille paure e insicurezze. Dall'altro siamo perennemente insoddisfatti, come se ci mancasse sempre qualcosa, come se fossimo incapaci di assaporare appieno le bellezze della vita. Viviamo in sostanza con un allarme acceso ventiquattro ore al giorno e con delle lenti scure addosso che non ci permettono di vedere i mille colori della vita.

Ma da dove ripartire per costruire un percorso più luminoso e appagante? Con che ingredienti provare a costruire una ricetta che permetta più felicità e serenità?

Prima di tutto occorre capire da cosa dipendono i nostri bisogni personali. Come si formano queste forze, queste energie capaci di determinare in modo così decisivo le nostre scelte e il nostro percorso?

I bisogni personali dipendono dalle predisposizioni genetiche, dalle esperienze precoci a cui siamo esposti e dalle infinite influenze familiari, sociali e culturali che ognuno di noi subisce.

La genetica prepara le basi. Ognuno di noi può avere una tendenza più o meno accentuata alla tensione e allo stress producendo, per esempio, maggiori quantità di ormoni specifici rispetto ad altri. Allo stesso modo l'intensità dello stimolo, necessaria perché un'emozione positiva come la gioia o la felicità venga percepita da una persona, può essere geneticamente determinata. Un individuo può quindi sentirsi appagato e soddisfatto con meno di un altro. Tuttavia, come la maggior parte degli aspetti della genetica, anche questi sono suscettibili di una potente regolazione esterna, detta epigenetica. In sostanza gli stimoli che forniamo al nostro DNA in termini di pratiche, rituali, riflessioni, così come di nutrienti, integratori, programmi di allenamento, ne regolano l'attività fino a rendere irrisorio l'effetto di un'eventuale predisposizione. Così come una persona che nasce con una predisposizione al diabete o al sovrappeso la può annullare con uno stile di vita corretto, allo stesso modo una persona che nasce con una tendenza all'ansia o all'insoddisfazione può annullarla con una serie di pratiche che sono in sostanza l'essenza di questo libro.

E se i bisogni ci appaiono come lontani, difficili e troppo misteriosi, possiamo partire nell'analisi da qualcosa di più facilmente verificabile, i valori personali. Esiste un rapporto stretto tra bisogni e valori. I bisogni vengono soddisfatti tramite i nostri comportamenti, che a loro volta devono rientrare nel contesto dei nostri valori per farci sentire appagati, completi e felici. C'è una tale quantità di ricerca, sia nel campo dei bisogni che dei valori, che si rischia di rimanere molto confusi e di perdersi nei dettagli di distinzioni di stampo accademico. Quello che conta, per capire i propri valori e ciò di cui si ha bisogno, è scegliere tra i tanti riportati nella tabella 3 a fianco, sulla base di alcune domande chiave:

- A cosa non rinunceresti mai?
- Di pancia cosa faresti?
- Di pelle cosa sceglieresti?
- Cosa ti fa battere di più il cuore?

Esiste un legame forte tra bisogni, valori e dimensione corporea. Per questo le quattro domande chiave richiamano tutte la dimensione emotiva e corporale della scelta. Bisogni e valori non derivano mai solo da un ragionamento razionale, ma da

Tabella 3 Scopri i tuoi valori e i tuoi bisogni

Abbondanza
Abilità
Accettazione
Accortezza
Acutezza
Adattabilità
Affetto
Affidabilità
Affluenza
Agilità
Aiutare
Allegria
Altruismo
Ambizione
Amore
Apertura mentale
Appartenenza
Apprendimento
Apprezzamento
Armonia
Assertività
Attendibilità
Attenzione
Attrattività
Audacia
Autenticità
Autocontrollo
Avventura
Beatitudine
Bellezza
Benevolenza
Brillantezza
Calore
Cameratismo
Candore
Capacità
Caparbietà
Carità
Castità
Celebrità
Certezza
Chiarezza
Comando
Comfort
Compartecipazione
Compassione
Competenza
Completamento
Compostezza
Comprensione
Concentrazione
Conformità
Congruenza
Connessione
Conoscenza
Consanguineità
Consapevolezza
Consistenza
Contentezza
Continuità
Contributo
Controllo
Convinzione
Cooperazione
Coraggio
Cordialità
Correttezza
Cortesia
Coscienza
Creatività
Credibilità
Crescita
Cura
Curiosità
Dare
Decoro
Deferenza
Desiderio
Destrezza
Determinazione
Devozione
Dignità
Diletto
Diligenza
Dinamismo
Direzione
Disciplina
Disponibilità
Divertimento
Dominanza
Dovere
Eccellenza
Eccitazione
Economia
Educazione
Efficacia
Efficienza
Elasticità
Eleganza
Empatia
Energia
Entusiasmo
Equilibrio
Equità
Eroismo
Esperienza
Esplorazione
Espressività
Essere guidato
Essere il migliore
Essere vincente
Estasi
Estroversione
Esuberanza
Euforia
Fama
Fare la differenza
Fascino
Fede
Fedeltà
Felicità
Fermezza
Ferocia
Festosità
Fiducia
Fiducia in sé
Fierezza
Filantropia
Fitness
Flessibilità
Flusso
Forza
Forza d'animo
Franchezza
Freddezza
Frugalità
Furbizia
Galanteria
Generosità
Gentilezza
Giocosità
Gioia
Giovinezza
Giustizia
Godimento
Gratitudine
Grazia
Guida
Guidare
Igiene
Immaginazione
Immediatezza
Imparzialità
Impazienza
Impegno
Importanza
Incoraggiamento
Indipendenza
Indulgenza
Industria
Ingegnosità
Integrità
Intelligenza
Intensità
Intimità
Intraprendenza
Introversione
Intuitività
Inventiva
Investire
Ispirazione
Indipendenza
finanziaria
Larghezza di vedute
Lavoro di squadra
Lealtà
Liberazione
Libertà
Logica
Maestà

Mansuetudine
Meraviglia
Messa a fuoco
Minuzia
Misteriosità
Moda
Moderazione
Modestia
Motivazione
Obbedienza
Onestà
Onore
Ordine
Organizzazione
Originalità
Ospitalità
Pace
Padronanza
Parsimonia
Passione
Perfezione
Perseveranza
Piacere
Piacevolezza
Popolarità
Potenza
Pragmatismo
Praticità
Precisione
Preparazione
Presenza
Privacy
Proattività
Professionalità
Profondità
Prosperità
Prudenza
Pulizia
Puntualità
Purezza
Quiete
Raffinatezza
Ragionevolezza
Realismo
Realizzazione
Relax
Resistenza
Ricchezza
Riconoscimento
Ricreazione
Riflessione
Rigore
Riposo
Risolutezza
Risoluzione
Risolvere
Rispetto
Riverenza
Sacralità
Sacrificio
Sagacia
Saggezza
Salute
Santità
Scadenza
Scioltezza
Scoperta
Semplicità
Sensibilità
Sensualità
Serenità
Servizio
Sessualità
Sfacciataggine
Sfida
Sicurezza
Silenzio
Simpatia
Sincerità
Soddisfazione
Sognare
Solidarietà
Solidità
Solitudine
Sorpresa
Spirito
Spiritosaggine
Spontaneità
Spiritualità
Stabilità
Struttura
Successo
Supporto
Supremazia
Synergy
Temperanza
Tempestività
Tradizionalismo
Tranquillità
Umiltà
Umorismo
Unicità
Unità
Utilità
Valore
Varietà
Velocità
Verità
Vicinanza
Vigilanza
Vigore
Virtù
Visione
Vitalità
Vittoria
Vivacità
Zelo

elementi subconsci ed emotivi. Per questo devi scegliere sulla base delle sensazioni che emergono e prenderne nota subito. Il ragionamento successivo potrebbe portarti fuori strada.

Un altro aspetto importante consiste nel chiederti se i valori che emergono da questo esercizio sono quelli con cui sei cresciuto. Sei passato attraverso un periodo di rivalutazione, di riflessione o di vera e propria crisi? O hai accettato di vivere come hai visto vivere gli altri?

La mia esperienza con tanti pazienti è che spesso le persone che finiscono con il vivere una vita non appagante sono quelle che non hanno mai messo in discussione i propri valori. Sono cresciute nella confortevole ma falsa culla dei valori familiari o sociali per sentirsi sicure, parte di un gruppo di persone "normali". Le persone appagate e felici sono al contrario quelle che hanno avuto una qualche forma di crisi, di risveglio personale, che ha prodotto risultati inaspettati di cambiamento e maturazione. Per crescere occorre avere il coraggio di mettersi costantemente in discussione. Ma poi anche di tirare le somme e rafforzarsi passo dopo passo.

Creare vera soddisfazione

Cosa vuol dire essere soddisfatti? Avere soldi, gioielli, macchine? Fare carriera? Avere potere e gestire la vita degli altri? Oppure avere una famiglia e gestire al meglio i propri figli? Contribuire al miglioramento del mondo? O girare il globo su un proprio yacht o magari su un pulmino Volkswagen?

Ognuno di noi potrebbe darsi una risposta differente e, almeno in linea teorica, nessuna è più corretta di un'altra. Ma in termini operativi possiamo dire che percepiamo un grado elevato di soddisfazione quando esiste un allineamento profondo e vero tra bisogni, valori, comportamenti che adottiamo e risultati che otteniamo. In sostanza, siamo soddisfatti quando la vita scorre senza eccessive frizioni interne, con un basso grado di logorio (figura 10). Quello che spesso non ci è chiaro, però, è da cosa dipendono i nostri comportamenti.

Prima di tutto dobbiamo ricordarci che i comportamenti sono sia le azioni che compiamo che i pensieri che produciamo anche in forma di auto-dialogo. Tutto contribuisce a formare l'ecosistema in cui ci troviamo.

Inoltre, a complicare ulteriormente le cose, ognuna di queste variabili è costituita da elementi consapevoli e da altri impulsivi. In sostanza ogni pensiero e ogni azione è il risultato di un equilibrio delicato e fragile tra istinti impulsivi e ragio-

Figura 10 Le variabili che determinano la percezione di soddisfazione

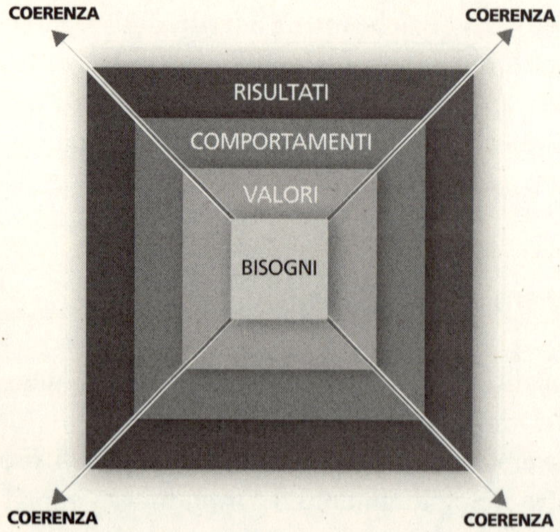

namenti consapevoli. Il cervello tripartito in cervello rettile, ossia totalmente istintivo e indirizzato alla pura sopravvivenza, cervello emotivo, capace di regolare l'affettività, e cervello cognitivo, che dà vita ai ragionamenti astratti, può essere semplificato in un modello duale: sistema 1, impulsivo, economico, rapido ma impreciso, e sistema 2, ragionato, costoso, lento e preciso. Per rendere l'argomento più semplice prova a pensare al rapporto tra un cane e il suo padrone. Il cane rappresenta le tue componenti più istintive e meno ragionate. Il padrone ovviamente è invece la razionalità e il ragionamento.

Immagina che ogni incontro, ogni azione e ogni pensiero non sia altro che il risultato del rapporto, più o meno efficace, tra cane e padrone. E quale rapporto tra cane e padrone funziona meglio? Quello fatto di sgridate, punizioni e botte o quello creato sulla base di un linguaggio comune, di un allineamento tra le necessità di uno e dell'altro?

Raggiungere un più alto grado di soddisfazione significa creare questo linguaggio comune, ossia arrivare a capire le varie componenti dei nostri comportamenti e scendere a patti con tutte, non sopprimendo nulla ma gestendo tutto al meglio.

E questo vale anche per i rapporti con gli altri. Ogni volta che in un incontro non capisci il comportamento del tuo interlocutore, rifletti sul fatto che anche le sue azioni e i suoi pensieri non sono altro che il risultato di un'interazione più o meno efficace tra cane e padrone.

A volte le cose che ti infastidiscono non sono altro che l'espressione di un cane insoddisfatto e rabbioso perché il padrone lo tratta male. Quello che tu interpreti come un attacco a te è invece l'espressione di una guerra interna che la persona non riesce a risolvere.

In quest'ottica, se tu hai chiari i meccanismi descritti, potrai fare un'enorme differenza nell'interazione con gli altri. Ogni volta che hai difficoltà a capire un tuo comportamento o quello di una persona con cui ti stai rapportando, prova a farti due semplicissime domande:

- Cosa vuole il cane?
- Cosa vuole il padrone?

Le risposte che emergeranno ti guideranno nell'adottare un comportamento più bilanciato ed efficace.

Come esercizio...

Prova a distinguere i tuoi comportamenti in sistema 1 e sistema 2 e poi prova a farlo con le persone con cui interagisci. Cataloga le varie componenti dei loro comportamenti come appartenenti ad un sistema o all'altro. E poi chiediti cosa vogliono le due componenti.

La pratica del diario

Scrivere un diario è una cosa che la maggior parte di noi vede come una pratica per adolescenti alle prese con i primi problemi di cuore. Alcuni hanno fatto qualche esperienza con un diario personale proprio da giovani, ma poi hanno smesso, magari perché qualcuno ha suggerito loro che si tratta di una perdita di tempo. Altri lo hanno sperimentato sotto forma di diario di allenamento o per tenere sotto controllo la propria alimentazione. La maggior parte di noi però non ha imparato a usare il diario come strumento di crescita e miglioramento personale da adulti.

Uno dei problemi maggiori che tutti noi riscontriamo nel cercare di migliorare noi stessi è l'assenza di feedback da parte degli altri, che ci guidi nel percorso da adottare. Raramente abbiamo attorno persone disinteressate e intenzionate ad aiutarci a capire il risultato dei nostri comportamenti. E anche se ci fossero non sarebbero in grado di leggere dentro di noi e interpretare il nostro stato d'animo.

Possiamo però crearci un sistema di feedback organizzato scrivendo regolarmente un diario personale. Questo diventa uno specchio che ci permette di vedere diritto fino alla nostra anima e una fotografia di come siamo.

Il diario deve essere scritto senza censura, di getto e senza badare troppo alla qualità della scrittura. Le parole devono essere dirette e non filtrate dalla volontà di scrivere bene. Le riflessioni possono riguardare ciò che ci accade, le risposte e le interpretazioni che diamo, il significato e lo scopo che abbiamo, ma possono essere anche condotte verso temi tipici della meditazione e della *mindfulness* come la gratitudine e il perdono. Ciascuno di questi temi porta con sé altri sentimenti fondamentali. Dalla gratitudine possiamo arrivare all'umiltà, all'appagamento, al mettersi al servizio e alla fiducia. Dal coltivare il perdono possiamo sviluppare amor proprio, altruismo, libertà e pace interiore.

Scrivere di tutto questo, inserire tra le riflessioni sulla vita quotidiana i tuoi pensieri su gratitudine e perdono, rapportarti in modo obiettivo con i tuoi successi e le tue sconfitte, con i tuoi pregi e i tuoi difetti è come avere un coach personale sempre al tuo fianco. Sul diario sono state fatte molte ricerche, dale quali è emerso che i suoi effetti sul nostro cervello e sulla nostra vita sono davvero profondi. Il diario, infatti:

1. Stimola il quoziente di intelligenza, in particolare perché invita ad esplorare il proprio linguaggio e ad espanderlo per dare definizioni più chiare e oggettive di ciò che ci accade.
2. Evoca uno stato simile alla *mindfulness* perché ci invita a concentrarci profondamente e solo sul momento presente. Questo aspetto si può ulteriormente potenziare se scriviamo su un bel quaderno, con una penna che ci piace, in un luogo accogliente. Se facciamo dello scrivere il diario un rito, lo scrivere in sé diventerà un modo per migliorare la nostra condizione psico-fisica.
3. Aiuta a raggiungere gli obiettivi che ci prefiggiamo, perché scrivere segnala importanza al cervello. Ciò che scriviamo si memorizza in modo molto più profondo e rapido di ciò che pensiamo o diciamo.
4. Stimola l'intelligenza emotiva e contribuisce a fare sviluppare empatia per sé e per gli altri. Riflettere sulle cose che accadono rende più facile comprendere punti di vista diversi e adottare atteggiamenti differenti nei confronti di se stessi.
5. Migliora memoria e comprensione, perché sfrutta l'antichissimo legame evolutivo tra mano e cervello. Dalla capacità di maneggiare oggetti fisici con le mani si è sviluppata l'incredibile capacità di gestire idee astratte con il cervello. Il legame tra mano e cervello è molto stretto e profondo e per continuare ad

allenarlo è fondamentale usare quaderno e penna e non computer.

6. Rafforza l'autodisciplina perché è un modo pratico e concreto di trattare il cervello come un muscolo capace di adattarsi ad uno stimolo ripetuto nel tempo.
7. Migliora la comunicazione, perché ci rende più spontanei e abili nell'usare le parole. Scrivere il diario vuol dire abbattere le barriere ed essere privi di qualsiasi censura o atteggiamento diplomatico, che a volte siamo costretti a tenere.
8. Ha una vera e propria azione terapeutica in situazioni di ansia e depressione, in quanto ottimizza il rilascio di endorfine e dopamina. Il diario viene usato in vari percorsi terapeutici con successo.
9. Aumenta la creatività, perché stimola a scoprire nuovi pensieri e nuove idee, sforza la persona ad assumere punti di vista differenti su nuovi e vecchi problemi e tira fuori la vena creativa che tutti noi abbiamo, anche se nascosta sotto gli strati di polvere che ci ha messo addosso il ruolo che la società ci ha assegnato.
10. Aumenta l'autostima, perché riduce l'ansia, lo stress, il tono dell'umore, migliora il sonno e ci insegna che siamo molto più capaci di gestire la nostra vita di quello che pensiamo e che gli altri vogliono farci credere.

Anni fa non avrei mai pensato che un giorno, anzi, che ogni giorno avrei dedicato del tempo allo scrivere un diario. Certo, da anni scrivo, ma è diverso scrivere articoli o libri o riflettere su se stessi e sulla propria vita. Da quando ho iniziato tempo fa questa pratica, è diventata un rituale quotidiano di enorme importanza. Ho scritto fiumi di parole, pagine dopo pagine, come se si fosse rotta una diga e si stesse liberando finalmente tutta l'acqua. Ormai per me si tratta di una pratica acquisita a cui non rinuncerei mai.

Come esercizio...

Vai in cerca di un bel quaderno che ti piaccia esteticamente. Procurati una bella penna e inizia a dedicare qualche minuto al giorno a scrivere nel diario quello che ti viene in mente. Possono essere all'inizio anche pensieri non strutturati. Poi, quando hai acquisito maggiore dimestichezza, inizia ad approfondire.

Ottenere il massimo

Quando osserviamo una prestazione straordinaria o una vita di successo siamo portati a pensare che la persona in questione sia speciale, che abbia dei talenti innati o che sia fatta di un materiale diverso da tutti gli altri.

In realtà le cose non stanno così. Molte ricerche nel campo dell'alta prestazione hanno confermato che l'unico vero talento che fa la differenza è quello di tollerare una quantità incredibilmente elevata di ore di pratica.

Alcuni ricercatori hanno confermato che le ore da investire per diventare eccellenti in un'attività sono in media 10.000. Questa mole enorme di stimoli ripetuti nel tempo permette al tessuto nervoso coinvolto nelle specifiche azioni di adattarsi producendo più mielina, la guaina attorno ai nervi che ne ottimizza la trasmissione di impulsi. Con il tempo si crea quindi un adattamento del sistema nervoso centrale chiamato neuroplasticità, che equivale all'allenamento di un muscolo che si rafforza quando è esposto allo stimolo.

Per arrivare, però, a tollerare una pratica deliberata così strutturata occorre superare la soglia dell'automaticità, ossia il momento in cui esercitarsi non costa alcuna fatica mentale perché appunto ti viene automatico.

Per riuscire a strutturare una pratica deliberata efficace e capace di portarci ad un livello maggiore di prestazione dobbiamo badare ad alcuni aspetti:

1. Ci deve essere motivazione, ossia la percezione del peso di non fare deve essere più forte della percezione del peso di fare. Questo accade quando l'obiettivo che hai in testa è compatibile con i tuoi valori e con un rafforzamento della tua identità e quando restare fermo ti fa soffrire.
2. L'obiettivo deve essere una sfida, ma deve essere affrontabile. Non possiamo rimanere nella zona di comfort dove nulla cambia, ma nemmeno finire nel panico e rimanere bloccati da questo.
3. Gli obiettivi devono essere chiari ma dobbiamo concentrarci sul processo e non sul risultato finale. Se ci innamoriamo del processo non avremo problemi a tollerare la quantità di pratica deliberata necessaria per arrivare al massimo
4. Dobbiamo costruire un sistema chiaro di feedback, che non sia giudicante e che sia in qualche modo tangibile. Abbiamo la necessità di percepire chiaramente i progressi che stiamo facendo.
5. Per essere efficace la pratica deve essere intenzionale e ripetitiva, dobbiamo inserirla nella nostra agenda e sentirci responsabili della sua esecuzione.

Anche se è difficile crederlo, le persone si fermano quasi sempre prima di arrivare a godere dei benefici di una pratica capace di portare loro ad una vera padronanza in uno specifico gesto. Non sono incapaci o di scarso talento. Magari sono solo impazienti e per questo non in grado di tollerare la quantità di pratica necessaria per arrivare ad eccellere.

Ma allora, ancora una volta, la variabile che fa davvero la differenza non è la forza di volontà ma semplicemente quanto ti piace il processo della pratica in quanto tale. Se sei solo attratto dal risultato finale non ce la farai a resistere.

Come esercizio...

Prova a prendere nota, per una specifica attività in cui vuoi migliorare, di quante ore la pratichi alla settimana. Moltiplica le settimane e scopri quante ore all'anno dedichi a questo allenamento e quanti anni ti ci vorranno per arrivare ad una padronanza ottimale. Magari non ci arriverai mai. Non importa. Ti serve però per diventare più obiettivo sui risultati che ti puoi aspettare in base all'investimento di tempo che stai facendo.

Evita chi succhia il tuo tempo e la tua positività

Una regola fondamentale per vivere bene è quella di essere in controllo della propria vita e quindi del proprio tempo. La sensazione stessa di controllo esalta il nostro benessere, mentre l'essere succubi e privi di potere di scelta è una delle condizioni associate a sofferenza e disagio

Dobbiamo però renderci conto che una delle maggiori fonti di perdita di controllo e tempo sono gli altri. "Lascia andare le persone che condividono solo lamentele, problemi, storie disastrose, paura e giudizio sugli altri. Se qualcuno cerca un cestino per buttare la sua immondizia, fa sì che non sia la tua mente." Cosi si esprime il Dalai Lama su come comportarsi con chi succhia tempo e positività dalla nostra vita.

Non sempre è facile e a volte è quasi impossibile evitare queste persone, ma qualche forma di protezione in genere è possibile crearla. Spesso siamo noi per primi a non provare a staccarci da questi vampiri emotivi perché ci sentiamo in colpa, pensiamo abbiano davvero bisogno del nostro aiuto. Ma dobbiamo tenere bene presente che chi ha bisogno di aiuto non si comporta mai così: lo chiede in modo semplice, umile e diretto. Quelli che succhiano energia, tempo e positività non stanno chiedendo aiuto ma, comportandosi come vittime, vogliono attirare altri nel loro buco nero, per dimostrare a se stessi che va bene rimanere lì, che anche gli altri si trovano nella stessa trappola.

La vittima, non prendendo in mano la sua situazione, non arriva nemmeno a chiedere aiuto. Vuole solo contagiare gli altri con pettegolezzi, commenti, resoconti sempre negativi su tutto e tutti. Tutti noi abbiamo attorno qualcuno che risponde a queste caratteristiche, da cui dobbiamo imparare a stare alla larga. Così come siamo circondati da persone che ci portano via tempo con ragionamenti inutili, commenti superficiali, incontri che non ci arricchiscono per nulla.

Una strategia importante per migliorare la nostra vita, non cedere energia positiva e non perdere tempo prezioso è quella di diventare terribilmente selettivi. Decidi di credere davvero che è molto meglio essere soli che mal accompagnati. Per superare i sensi di colpa che questo processo in genere crea, prova a rispondere a queste domande:

- Se fosse il tuo ultimo giorno cosa faresti? Lo spenderesti con questa persona a parlare di questi argomenti?
- Seguiresti solo il tuo cuore e ti circonderesti solo di stimoli in grado di farti stare bene e di arricchirti?
- Ti gusteresti al massimo i dettagli della vita? Noteresti ogni più piccola meraviglia? O staresti a perdere tempo con pettegolezzi sugli altri?

In fondo il tempo è una cosa molto relativa. Poco o tanto dipende dai punti di vista. Abbiamo 8760 ore all'anno. Sono tante o poche? Dipende da come le sfrutti. Se vivi 90 anni avrai 788.400 ore da giocarti. Ma se sarai preso da stress, tensioni, ipervigilanza, scarsa consapevolezza, pensi che sarai in grado di gestire al meglio questo tempo? Non credi che ci sarà il rischio che scorra via senza che tu riesca a gustarlo a fondo.

Una delle soluzioni più efficaci per riuscire a fare questo

è quella di imparare a gestire ogni singola giornata. In fondo ogni singola giornata è la nostra vita in miniatura e dalla somma di tante giornate giuste o sbagliate si creano i risultati a lungo termine.

La prima cosa da fare è creare uno schema di come si svolge la giornata tipo:

1. ***Ora sacra di apertura***: serve ad iniziare la giornata con lo spirito e l'atteggiamento giusto e potrebbe contenere meditazione, esercizio fisico, tecniche respiratorie, analisi degli obiettivi della giornata e lavoro sul diario. Per me quest'ora deve essere molto presto, meglio se tra le cinque e le sei di mattina.
2. ***Lavoro profondo***: una volta messi mente e corpo nelle migliori condizioni per lavorare, l'ideale è dedicare del tempo al lavoro profondo, quello che richiede la nostra massima concentrazione. Proprio per via della sua intensità questo tipo di lavoro non può durare troppo a lungo. Perché sia davvero profondo è necessario isolarsi e disconnettersi da tutto il resto.
3. ***Connessioni***: nessuno di noi oggi può rinunciare a una buona dose di connessione via email, social network o telefono. Ma per non diventare vittime di queste tecnologie e vivere in una perenne distrazione, abbiamo bisogno di circoscrivere il loro utilizzo a determinati momenti. Basta selezionare il tempo che vogliamo dedicare a questi aspetti e rimandare al giorno dopo ciò che non siamo riusciti a fare.
4. ***Tempo libero***: anche il tempo da dedicare alla propria famiglia, agli amici, ad un hobby o all'esercizio fisico va pianificato. Spesso questa è l'area maggiormente sacrificata sull'altare del lavoro e degli impegni vari.
5. ***Ora sacra di chiusura***: a fine giornata chiudere con un

altro spazio per la meditazione, per praticare la gratitudine o per scrivere il diario è un coronamento di una giornata efficace.

Certo, sembra impossibile poter organizzare la propria giornata in questo modo, ma garantisco che non lo è. E anche se potessi gestire solo una percentuale del tuo tempo, prova a iniziare a gestirlo così. Prova ad organizzare il tempo invece di lasciarlo scorrere e subirne le conseguenze.

Come esercizio...

Prova a suddividere la tua giornata secondo lo schema proposto. Crea un vero programma che possa essere rispettato sulla base dei tuoi impegni.

Trasformare il rapporto con se stessi

Lo sviluppo della coscienza e della piena consapevolezza ha reso la nostra specie capace di grandi cose, ma ha anche aumentato esponenzialmente la sua vulnerabilità. Infatti, poter riflettere su tutto ciò che ci accade, sulle conseguenze di ogni nostra azione, poter rivivere ogni episodio con la nostra immaginazione mille volte porta con sé enormi opportunità di miglioramento, ma un rischio ancora più grande di vivere una costante pressione giudicante che ci frena e ci condiziona.

Ognuno di noi vive immerso in un costante auto-dialogo, una voce di cui siamo più o meno consapevoli che ci parla nella testa e che molto spesso ci giudica severamente. L'auto-dialogo è influenzato dall'educazione, dai modelli che abbiamo avuto, dalle influenze sociali e culturali. Allo stesso modo, con il trascorrere degli anni e in particolare con il cruciale passaggio attraverso l'adolescenza e lo sviluppo della sessualità, in ognuno di noi si crea un'immagine di sé con cui poi siamo chiamati a convivere per gli anni a venire. A contribuire a questa immagine ci sono il rapporto con il nostro corpo, le iniziali esperienze sessuali e il giudizio degli altri.

Auto-dialogo e immagine di sé condizionano molto i nostri comportamenti, le nostre scelte e quindi la nostra vita. Raramente il loro sviluppo porta ad un punto di equilibrio perfetto e sano. Più spesso si creano situazioni di eccesso e di difetto che pesano in modo determinante sulle nostre azioni. Si tratta in entrambi i casi di squilibri fallimentari che io definisco triade del fallimento da difetto e triade del fallimento da eccesso. Vediamoli nel dettaglio.

1. **Triade del fallimento da difetto**, determinata dalla percezione di qualcosa che manca in noi rispetto agli altri. Dà luogo a:
   - Auto-sabotaggio
   - Vittimismo
   - Indecisione

   La triade del fallimento da difetto fa emergere sentimenti come pigrizia, paura, evitare le scelte, assenza di obiettivi, vergogna e comportamenti come l'anoressia. Sono tutti meccanismi legati alla fuga, al rifiuto e al nascondersi perché ci si percepisce come inadeguati, insufficienti, non all'altezza del mondo e degli altri.

2. **Triade del fallimento da eccesso**, determinata dalla percezione o dall'illusione di avere qualcosa in più rispetto agli altri. Dà luogo a:
   - Auto-assoluzione
   - Auto-compiacimento
   - Decisioni affrettate

La triade del fallimento da eccesso stimola rabbia, vendetta, risentimento, iperattività e comportamenti come la bulimia. Meccanismi che rappresentano l'attacco a sua volta causato dalla sensazione di essere superiori, di meritare di più, di poter schiacciare gli altri in qualsiasi confronto. A volte la triade del fallimento da eccesso emerge da una subconscia percezione di insicurezza che porta alla creazione di una corazza tanto artificiale quanto deleteria.

Da dove partire per uscire dalle strette del difetto o dalla esplosività dell'eccesso? Dal rimarginare le nostre ferite coltivando un sano e equilibrato amor proprio, che parte dal rispetto di tutto e di tutti, compresi noi stessi. L'amore proprio è un carburante fenomenale per una vita serena e felice. E per rimarginare le ferite possiamo partire dal lavoro su pensieri e parole rivoluzionando il nostro auto-dialogo. Possiamo introdurre parole come perdono, gratitudine, alleanza e fiducia e farne elementi incondizionati della nostra esistenza. E poi possiamo lavorare su immagini e sensazioni sfruttando il massaggio, l'allenamento fisico, la fantasia, la musica e le fotografie per rendere più obiettivo il giudizio su noi stessi.

Come esercizio...

Prova a classificare i tuoi comportamenti sulla base del fallimento da difetto o da eccesso. Dove ti collochi?

Trasformare il rapporto con gli altri

Quanto sarebbe bella la vita se i rapporti con gli altri fossero sempre lineari, aperti, onesti, sinceri e appaganti? In fondo ognuno di noi cerca solo una cosa, la felicità. E allora perché è così difficile sentirsi compresi, farsi comprendere e lavorare tutti per la felicità reciproca?

Il primo punto importante è capire che siamo tutti più propensi a provare a cambiare gli altri piuttosto che a lavorare su noi stessi. Questo è un primo errore deleterio in quanto è impossibile far cambiare gli altri. Al massimo possiamo influenzarli attraverso il nostro comportamento ma anche questo avviene solo se impariamo a lavorare su noi stessi.

Ma quali sono i fattori che governano e regolano l'interazione con gli altri? Sono fattori razionali sotto il nostro diretto controllo o al contrario si tratta di sottili meccanismi subconsci di cui molto spesso non ci rendiamo nemmeno conto? Secondo alcuni ricercatori la nostra interazione con gli altri è governata da un sistema funzionale di nervi e muscoli che viene chiamato Social Engagement System (SES o sistema di ingaggio sociale). Si tratta di un sistema capace di valutare la situazione ambientale e di amplificare o bloccare le nostre capacità sociali in funzione del livello di sicurezza o di pericolo rilevato. Anche quando non ci rendiamo conto di nulla, il sistema nervoso perlustra e analizza l'ambiente, ne valuta i livelli di sicurezza e ci prepara alla tipologia di azione più adatta a gestire la situazione (figura 11).

Oggi molto spesso questa percezione sottostante è di pericolo. Indotta dalla eccessiva stimolazione psicologica e sensoriale a cui siamo esposti nella vita moderna, la percezione di pericolo spegne la nostra capacità di interazione con gli altri perché ci prepara per l'attacco e la fuga. Solo una reale percezione di sicurezza permette una piena attivazione del SES e quindi una regolazione corretta di quei fattori determinanti per un'interazione positiva con gli altri. Infatti è noto che la comunicazione tra individui dipende in minima parte dalle parole e in modo molto più decisivo dalla mimica facciale, dai gesti, dalla postura, dallo sguardo e dal tono della voce.

Ma sono proprio questi fattori, molto più delle parole che

Figura 11 Il funzionamento del social engagement system (SES)

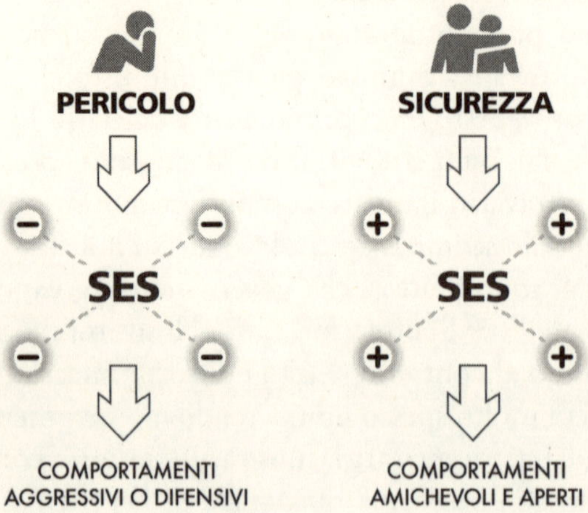

possiamo quasi sempre controllare, dei quali perdiamo il controllo quando percepiamo pericolo e ci prepariamo a difenderci. Ecco allora che in un colloquio di lavoro in cui non siamo a nostro agio adottiamo un atteggiamento che è difensivo o addirittura di attacco e questo compromette l'interazione indipendentemente dalle parole che escono dalla nostra bocca. Infatti la componente non verbale della comunicazione è quella che determina immediatamente come il nostro interlocutore si porrà nei nostri confronti. E indovina cosa accade? Che vedendo noi sulla difensiva o in posizione di combattimento, lui o lei farà altrettanto e così verrà definitivamente meno la possibilità di interagire in modo costruttivo.

Allora i rapporti con gli altri si migliorano prima di tutto imparando a gestire noi stessi e allenando il SES attraverso una serie di passi:

- Praticare la *mindfulness* per aumentare la consapevolezza.
- Praticare le tecniche di rilassamento per ridurre la percezione di pericolo.

- Imparare ad osservare le risposte suscitate negli altri.
- Imparare ad osservarsi e a conoscere le proprie espressioni.
- Tracciare la qualità della nostre interazioni con il diario.

Le interazioni con gli altri si comprendono meglio se si parte dall'idea che noi tutti siamo degli specchi. Ciò che vediamo nel volto altrui tende a manifestarsi nel nostro. Per questo le diverse situazioni emotive sono così contagiose: se chi ti sta attorno ride ed è contento, finirai con il ridere anche tu. Se gli altri sono annoiati e stanchi, ti stuferai immediatamente. Se gli altri sono tesi e sospettosi, ti verrà spontaneo esserlo a tua volta.

Ma la cosa che tendiamo a dimenticarci è che gli altri hanno un effetto su di noi tanto quanto noi lo abbiamo sugli altri. Ci aspettiamo che sia sempre l'altro a venirci incontro, a cambiare tono, a tornare amichevole. Ma raramente ci chiediamo perché non lo facciamo noi per primi. Impara a partire da te stesso e farai un'enorme differenza nella tua vita e in quella degli altri.

Come esercizio...

Prova ad osservare le tue espressioni facciali guardando tue foto e video. Impara a classificarle e a leggerle. Poi prova a concentrarti sulle espressioni facciali altrui e sulla gestualità complessiva. E scrivi nel tuo diario i tuoi giudizi sulle interazioni tra te e gli altri.

Gestire i conflitti

Da cosa dipendono i conflitti? Quali sono le variabili che determinano il sorgere di una tensione? Alla base di ogni tipo di conflitto, tra individui o gruppi, ci sono sempre due aspetti:

1. un'incompatibilità tra bisogni e comportamenti dei vari interlocutori;
2. una comunicazione inefficace.

I conflitti possono essere classificati come interni o intrapersonali, esterni o interpersonali o un misto di conflitti interni e esterni ossia intra e interpersonali. I conflitti, di qualsiasi natura essi siano portano con sé alcune conseguenze importanti sulla nostra esistenza. I conflitti ci costringono a sprecare energia spesso in azioni e gesti inutili, aumentano il logorio psico-fisico, finiscono con l'incidere negativamente sulla prestazione e sul nostro benessere psico-fisico, in particolare quando non si risolvono e diventano cronici.

Molte persone vivono conflitti per la loro intera vita. Prima con i genitori e con i fratelli o le sorelle. Poi con il partner e con i propri figli. Oppure con i colleghi di lavoro o ancora peggio con se stessi. A volte proprio questi ultimi sono i conflitti più difficili da decifrare, perché riflettono incongruenze profonde tra bisogni, valori e comportamenti, spesso non riconosciute e non facili da risolvere.

Alla base di qualsiasi approccio alla risoluzione di un conflitto c'è il passaggio da una comunicazione inefficace a una efficace e chiara, che porta ad un allineamento dei reciproci bisogni. Il cambiamento di tipologia di comunicazione a sua volta riduce la paura e la rabbia e fa emergere serenità e rispetto, inibisce lo stress e permette il rilassamento. In buona sostanza permette il passaggio da biocomportamenti di pericolo a quelli di cooperazione e amicizia, ossia da una situazione di inibizione del sistema di ingaggio sociale alla sua attivazione.

La trasformazione della qualità della comunicazione è essenziale per il superamento di una condizione conflittuale. Questo passaggio richiede per lo meno tre fasi:

1. **la giusta immagine mentale;**

2. **il giusto pensiero;**
3. **la giusta azione.**

La giusta immagine mentale serve a rivedere la propria posizione nei confronti dell'interlocutore coinvolto nel conflitto. Pensare per esempio che anche lui o lei non è altro che l'espressione di un rapporto più meno riuscito tra "padrone" e "cane", e che magari non è del tutto consapevole di alcuni atteggiamenti, permette di smussare la propria reazione. Questa immagine mentale aiuta a fare emergere una sensazione di uguaglianza tra noi e gli altri, che aiuta a rimarginare eventuali ferite e a chiudere le distanze. Siamo uguali, funzioniamo allo stesso modo e vogliamo tutti la stessa cosa: sono questi i ragionamenti che possono emergere da questa strategia.

Il giusto pensiero aiuta invece a ridimensionare il problema. Si può pensare, per esempio, che "ogni conflitto è risolvibile" per aiutarsi a non generalizzare e a non rendere assoluti attriti che magari sono marginali e specifici. Un errore che spesso si fa anche in conflitti familiari è quello appunto di generalizzare un problema amplificandone la presenza: "Non metti mai in ordine la tua camera" potrebbe essere un esempio di generalizzazione di una mamma nei confronti del figlio che lascia poco spazio al miglioramento.

La giusta azione lavora invece sulla dimensione fisica del conflitto, rompendo le barriere fisiche e letteralmente riducendo lo spazio fisico tra gli interlocutori. Occorre avere la forza di avvicinarsi, toccarsi e parlare assieme.

Questo spezza le resistenze e la violenza fisicamente controllata ma emotivamente dominante nella maggior parte dei conflitti.

Nel parlare dobbiamo tenere presente quanto complesso sia un dialogo. Esistono per lo meno un'intenzione, un messaggio oggettivo e un'interpretazione per ogni interscambio tra due persone che vanno presi in considerazione. Il dialogo può, tra l'altro, riguardare aspetti del dialogo stesso (metacomunicazione), può definire le regole di ingaggio, il livello di compromesso tra le due persone, l'empatia e l'atteggiamento percepito.

La riduzione della distanza fisica, creata dalla risposta biocomportamentale di attacco o fuga, è fondamentale per superare gli ostacoli biologici ad un confronto sereno, ostacoli di cui spesso nemmeno le persone coinvolte si rendono conto.

Come esercizio...

Alla prossima occasione di conflitto, prova a ridurre le distanze fisiche. Avvicinati al tuo interlocutore e, a seconda di chi è, adotta un approccio corretto di contatto fisico amichevole.

Superare le emozioni che ti bloccano

Ognuno di noi vive delle emozioni che accelerano il cammino della vita e altre che lo frenano. Le chiamo emozioni potenziative ed emozioni limitanti.

Amore, felicità, fiducia, divertimento, sensazione di controllo inducono una condizione di agio e sono dunque stati d'animo che potenziano le nostre capacità. Ci mettono nelle condizioni migliori per generare una prestazione eccezionale.

Al contrario invidia, odio, rabbia, vergogna, paura sono fonti di disagio e funzionano come zavorre che tengono inchiodata a terra la nostra vita. Sono stati d'animo che tirano fuori il peggio di noi.

Quello che dobbiamo provare a fare è affrontare la presenza di emozioni limitanti come un singolo problema, senza perderci nel mare di dettagli, e creare così un ponte verso una realtà in cui prevalgono le emozioni che potenziano e accelerano la nostra vita. Come sempre il primo passo è quello della consapevolezza. Dobbiamo renderci conto che esiste questo problema e dobbiamo percepire in qualche modo che ci sta frenando e rendendo la vita meno bella di quello che potrebbe essere.

Un modo concreto per superare degli ostacoli consiste nell'adottare delle specifiche tecniche di problem solving. L'approccio di problem solving strategico sviluppato da Giorgio Nardone e dal Centro di terapia strategica di Arezzo prevede una serie di tappe da seguire in modo preciso.

1. ***Definire il problema***: per superare un ostacolo occorre averlo identificato in modo chiaro e preciso. È necessario chiedersi cosa, come e perché, visto che molte volte i problemi vengono percepiti in modo vago e disordinato. Sono capaci di diventare dei limiti anche perché non sono stati individuati in modo preciso.
2. ***Definire l'obiettivo***: una volta compreso il problema o l'ostacolo possiamo procedere a definire l'obiettivo che ci prefiggiamo. È il primo mattone del ponte che stiamo costruendo. Non basta però definire l'obiettivo, lo dobbiamo anche sentire, chiarire e accordare con noi stessi. Dobbiamo in sostanza fare un lavoro di calibrazione dell'obiettivo per muoverlo dalla dimensione teorica verso quella pratica.
3. ***Analisi delle tentate soluzioni***: di fronte ai problemi, chiari o nebulosi che siano, ognuno di noi ha tentato nel tempo di sviluppare delle soluzioni. Se il problema esiste ancora vuol dire che le soluzioni non erano adeguate. Un'analisi onesta delle tentate soluzioni permette di sviluppare strategie nuove che hanno maggiori chance di portare ad una vera risoluzione del problema.
4. ***Tecnica del come peggiorare***: pensare al peggio in modo non casuale ma volontario e strategico è un'ottima tecnica per smorzare l'ansia e la paura e per capire quali sono le azioni che, portando ad un peggioramento, devono essere evitate. Spesso da questa analisi emergono

errori ricorrenti che continuano a far peggiorare la situazione fino a quando non sono rimossi.

5. *Tecnica dello scenario oltre il problema*: immaginare la situazione senza il problema significa di fatto proiettarsi già oltre l'ostacolo. Vedere la nostra vita senza il problema che ci assilla è un modo efficace di percepire come si starà sul piano emotivo e quindi di rendere l'obiettivo più vivido e reale.
6. *Tecnica dello scalatore*: questa tecnica prevede di procedere a ritroso dall'obiettivo fino al punto di partenza ripercorrendo tutte le tappe necessarie e vivendole una a una.
7. *Aggiustare il tiro*: mantenere flessibilità e capacità di variare la strategia è un ultimo aspetto fondamentale di un approccio strategico al problem solving.

Superare i propri ostacoli concreti o emotivi con un approccio di problem solving strategico significa sbloccare i propri freni e iniziare a viaggiare alla velocità di crociera desiderata.

Come esercizio...

Prova a identificare uno specifico problema che vivi da tempo e ad adottare ogni tappa del problem solving strategico presentata sopra.

Dalla trappola del non scegliere alla potenza delle decisioni

Poche cose possono danneggiare un'esistenza come l'indecisione. Saper decidere è una capacità fondamentale da acquisire perché tutto, dalla persona che sposiamo, a come gestiamo la nostra salute, da che lavoro finiamo con il fare a quanto ci godiamo la vita, dipende dalla qualità delle nostre decisioni.

Le decisioni vengono prese in un attimo. Ci possono volere anni o decadi per arrivare a quell'istante, ma la decisione in sé è sempre questione di un momento. E una decisione produce un risultato molto diverso da un'altra. Per questo sono le decisioni a plasmare il nostro destino. Le scelte che fai oggi determinano il futuro, anche lontano. La qualità della tua vecchiaia, per esempio, è determinata dalle scelte che fai da giovane adulto.

Molte persone non decidono quasi nulla nella vita. Ricevono l'educazione prevista dai genitori, finiscono col fare il primo mestiere che dà loro una parvenza di sicurezza, mettono su una famiglia perché la società dice che è giusto fare così. Altre persone non prendono le decisioni fondamentali della vita perché scappano tra milioni di scuse, pensando di essere protetti dallo scudo del vittimismo e dai mille impegni in cui si immergono proprio per non scegliere. Ma non decidere ha un costo molto alto nella vita di una persona. La decisione è la madre di ogni azione e senza scelte decisive vivere si traduce spesso nell'andare alla deriva.

Anche se ho usato il termine "scelta" quasi come sinonimo di "decisione", c'è una differenza sottile ma profonda tra i due concetti. Entrambi hanno come presupposto comune l'esistenza di più alternative. Tuttavia, scelte e decisioni sono molto diverse:

1. *Scelta*: scegliere prevede che ci siano delle alternative disponibili. La scelta è collegata alla sfera dell'avere, dell'ottenere e del prendere ed è, in un certo senso, influenzata tanto dai noi quanto da ciò che ci mette a disposizione l'ambiente.
2. *Decisione*: decidere vuol dire realizzare qualcosa che non esiste ancora o non è ottenibile nelle circostanze attuali. Per questo la decisione è associata alla sfera del fare e funge da preambolo all'azione.

Spesso il concetto di decisione viene ridimensionato al livello di una scelta o perfino alla semplice espressione di una preferenza. Ma decidere vuol dire prendere una strada netta e univoca e tagliare l'accesso ad ogni altra possibilità. Decidere è un atto di forza e chiarimento, che contribuisce a solidificare il senso di controllo sulla propria esistenza, a trovare la strada in mezzo alla nebbia. Decidere, se fatto veramente, è come accendere improvvisamente il radar che ti indica la strada giusta da prendere.

Ma, come per altri aspetti della nostra prestazione, tutto dipende da quanto ci alleniamo. La ripetizione è ciò che porta alla padronanza e alla perfezione. Allora, per imparare a decidere, per decidere meglio, dobbiamo decidere di più!

Creare una pratica deliberata di decisioni, da quelle semplici a quelle più complesse, è un modo concreto per migliorare le nostre capacità e acquisire un livello di controllo più elevato sulla nostra vita.

Prova a iniziare dal prendere alcune decisioni fondamentali per la tua vita. Si tratta di decisioni di base da cui possono derivare molte azioni a cascata:

1. ***A cosa prestare attenzione***: ricchezza, beni materiali, titoli, successo, carriera, giudizio degli altri, posizione sociale oppure valori, etica, contributo e aiuto agli altri. Su cosa poniamo la nostra attenzione determina molto di cosa facciamo della nostra vita. Qualche decisione sbagliata, la nostra attenzione deviata su cose effimere e transitorie e, come niente fosse, la vita se ne va per la strada che dà meno frutti.
2. ***A chi prestare attenzione***: conoscenti pettegoli, personaggi televisivi, calciatori famosi, esponenti di uno status quo che non ti rappresenta, persone che ti vogliono tarpare le ali e controllare oppure persone che ti amano sul serio, donne e uomini che ti vogliono mettere le ali, che ti fanno crescere, gente che ti riempie di positività

e gioia. Anche in questo caso le persone che ti stanno attorno influenzeranno in modo determinante chi diventerai e la vita che condurrai.

La cosa che molti trascurano è che il nostro passato non determina il nostro futuro. A determinare ciò che accadrà saranno le nostre decisioni. E spesso la prima decisione da prendere è quella di tagliare i rami secchi e le corde che reggono le zavorre. Ognuno di noi sa, nel suo cuore, i passi giusti da fare.

Come esercizio...

Prova ad elencare le decisioni fondamentali che hai preso nella tua vita e quelle che secondo te dovresti prendere per arrivare da dove sei oggi a dove vorresti essere in futuro.

I bisogni che tutti abbiamo

Anche se ognuno di noi si sente profondamente diverso dagli altri, abbiamo molte più cose in comune di ciò che pensiamo. Sul piano biologico funzioniamo tutti in modo simile e abbiamo un DNA per il 99,9% sovrapponibile. Certo, esistono differenze enormi di aspetto fisico e di propensione allo sviluppo di certe malattie o di altre, ma in generale i meccanismi di base sono sempre gli stessi e funzionano in modo identico. Anche sul piano psicologico esistono molti parallelismi tra noi esseri umani.

Il primo a parlare di bisogni universali in psicologia è stato Abraham Maslow, che negli anni cinquanta divenne popolare per la sua classificazione dei bisogni umani. Secondo Maslow esiste una gerarchia di bisogni da soddisfare: quelli fisiologici, quelli legati alla sicurezza personale, all'amore e all'appartenenza, all'autostima e alla realizzazione.

In tempi più recenti Anthony Robbins e Cloé Madanes hanno sviluppato una nuova classificazione dei bisogni universali che da tempo adotto nel lavoro con i miei pazienti. Conoscere quali bisogni prevalgono in noi e se ne esistono di nettamente conflittuali è importante per capire su cosa si fondano le nostre scelte più profonde. I bisogni universali sono le forze che guidano e plasmano la nostra vita. Ma ogni individuo tende ad avere almeno due bisogni che prevalgono e che saranno più direttamente connessi con il tipo di vita che la persona realizzerà.

I bisogni universali secondo Robbins e Madanes sono i seguenti:

- *Bisogno di certezza*: ognuno di noi ha bisogno di sentire un certo grado di stabilità, sicurezza e comfort anche sul piano fisico. Le parole chiave di questo bisogno sono comfort, sicurezza, stabilità, avere radici, protezione e prevedibilità
- *Bisogno di varietà*: tutti hanno anche un forte bisogno di varietà e cambiamento. La stessa routine, giorno dopo giorno, finisce con rappresentare una prigione. Quando questo bisogno non viene soddisfatto in modo sano, la persona cercherà l'emozione della varietà in cose sbagliate, come il cibo, l'alcol, la droga o altro. Le parole chiave in questo caso sono instabilità, cambiamento, intrattenimento, sorpresa, conflitto, rischio.
- *Bisogno di significato*: è il bisogno di sentirsi speciali, unici, importanti e indispensabili. Quando le persone si sentono insignificanti, spesso cercano significato con la rabbia nei confronti di chi sta attorno a loro. Questo bisogno porta sempre al confronto con gli altri e a rapportarsi in termini gerarchici con chi incontriamo. D'altra parte, lo stesso bisogno porta anche ad essere più esigenti con noi stessi e quindi a migliorare la nostra prestazione. Parole chiave sono orgoglio, importanza, risultati, prestazione, disciplina, competizione e rifiuto.

- *Bisogno di amore e connessione*: è il bisogno di amare e di essere amati, che in termini evolutivi deriva dal bisogno del neonato di essere accudito dalla mamma per sopravvivere. Non essere amati vuol dire in questo senso rischio di abbandono e morte. Le parole chiave sono passione, unità, tenerezza, desiderio, unità.
- *Bisogno di crescita*: quando smettiamo di crescere, piano piano, moriamo. Dobbiamo continuare a svilupparci sul piano intellettuale, emotivo e spirituale. La crescita è la risposta ideale ad ogni esperienza che viviamo. Questo bisogno viene soddisfatto coltivando le nostre passioni, dedicandoci a qualcosa che migliora nel tempo. A volte si tratta dell'allenamento fisico, altre volte della lettura di libri. Le parole chiave sono miglioramento, comprensione, serenità ed evoluzione.
- *Bisogno di contributo*: il coronamento di una bella vita si ottiene dando agli altri, contribuendo a migliorare la vita degli altri. Significa andare oltre i nostri bisogni personali, i nostri limiti e problemi e diventare capaci di spendersi per una causa che va oltre noi stessi. Le parole chiave sono dare, condividere, partecipare, altruismo e generosità.

I primi quattro bisogni sono fondamentali e personali. Gli ultimi due invece sono spirituali e sono più direttamente connessi con il senso di appagamento che una persona può provare. La triade amore, crescita e contributo costituisce il fondamento di una vita felice e permette di superare la mancanza di soddisfazione in altre aree.

Il senso di contributo viene considerato capace di regolare gli altri cinque bisogni: se contribuisci alla vita degli altri hai un senso di certezza, ha varietà perché interagisci con le persone, hai significato perché aiuti, hai legami e affetti e cresci perché sperimenti l'effetto che hai sugli altri.

Ognuno di noi prova a soddisfare questi bisogni in modo diverso, con risultati a volte positivi, altre volte negativi. Una persona che ha come bisogno primario la sicurezza avrà una vita molto diversa da una che invece cerca la varietà. Allo stesso modo, chi cerca significato in ogni interazione si comporterà in modo diverso da chi vuole amore e affetto.

Capire quali sono i nostri bisogni prevalenti è quindi molto importante per comprendere meglio le ragione di alcuni nostri comportamenti.

Come esercizio...

Prova a capire quali sono i tuoi bisogni principali e analizza se ve ne sono alcuni nettamente in conflitto. In questo caso prova a capire se ci sono strade migliori per soddisfare uno specifico bisogno che crea problemi.

Le fasi della vita e le relative domande chiave

Nel metodo di Strategic Coaching Intervention e in particolare nel testo *Handbook of Strategic Intervention*, Magali e Mark Peysha identificano alcune fasi tipiche della vita di ciascuno di noi, caratterizzate da domande e problematiche altrettanto tipiche e ricorrenti. Capire cosa caratterizza i diversi momenti della vita può essere importante per identificare la fase che stiamo vivendo e i suoi problemi più tipici.

Da 0 a 13 anni

- Sono al sicuro?
- Sono amato?
- Sono speciale?
- Domani le cose andranno come oggi?

Da 13 a 18 anni

- È tutto vero?
- I miei genitori dicono la verità?
- Perché gli altri sono come sono?
- Cosa mi interessa davvero?
- Qual è il mio stile, la mia unicità?

Da 18 a 25 anni

- Come e cosa posso imparare?
- Troverò un partner?
- Cosa farò per prendermi cura di me?
- Chi sono le persone che mi sono vicine?
- Qual è la mia vocazione, la mia passione?

Da 25 a 30 anni

- Voglio figli?
- La mia carriera sta crescendo?
- Ci completiamo a vicenda professionalmente e emotivamente?
- Il mio partner mi stima a sufficienza?
- Come amare la famiglia di origine e quella che sto creando?

Da 30 a 40 anni

- Il mio cammino di vita è rilevante?
- La mia famiglia mi sostiene per come sono?
- Mi do da fare per aiutare gli altri?
- Questa vita è vera o è solo una prova?

- Ho degli obiettivi chiari?
- Come faccio a costruire un nuovo rapporto con i genitori?

Da 40 a 50 anni

- Qualcuno ha ancora dubbi che sia tutto vero?
- I miei rapporti sono forti abbastanza?
- Cosa ho raggiunto?
- Cosa è successo ai miei rapporti?
- Come posso avere certezze?
- Come posso contribuire maggiormente?

Da 50 a 60 anni

- Devo divertirmi, è troppo tardi?
- Devo preparami al pensionamento e alla vecchiaia?
- Come posso rimediare agli errori fatti?
- Come mi devo rapportare con i figli diventati adulti?
- Come posso continuare a contribuire professionalmente?

Da 60 a 70 anni

- Come posso dare di più?
- Cosa mi interessa davvero?
- Per chi conto davvero?
- Come mi posso liberare dalle abitudini sbagliate e dai pensieri negativi?
- Cosa posso ancora imparare?
- Come posso raggiungere ciò che volevo?

- Come posso condividere la storia della mia vita e le mie esperienze?
- Come posso dare di più ai miei figli e nipoti?
- Come posso dare di più agli amici rimasti?
- Come posso liberarmi delle preoccupazioni e dell'ansia?
- Come posso evitare i giorni negativi?
- Sono troppo vecchio per cambiare

Logicamente, nulla nella vita avviene per schemi prefissati e rigidi. Dunque non tutti passano le diverse fasi in modo ordinato e nelle età tipiche. Tuttavia, ricordarsi che certe fasi della vita presentano problemi tipici, che in un modo o nell'altro, tutti siamo costretti ad affrontare, può aiutare a ridimensionare i problemi e a comprenderne meglio il significato.

Inoltre, se fossimo capaci di anticipare l'emergere di alcune domande che possono portarci a vivere in modo più profondo la vita, sarebbe sicuramente un bene. Per esempio, se la domanda "Come posso dare di più?" arrivasse a quarant'anni invece che a sessanta avremmo molto da guadagnare in termini di benessere.

Come esercizio...

Cerca di capire in quale fase sei e se le domande proposte corrispondono a quelle che senti tue. Poi prova a trasferire alcune domande tipiche della fase più avanzata della vita alla tua fase attuale (a meno che questa non corrisponda già a quella) e senti che risposte emergono.

Ricostruire la propria vita quotidiana

Si dice che tra il dire e il fare ci sia di mezzo il mare. Ma ciò che fa da ostacolo tra quello che vogliamo ottenere e le azioni che siamo in grado di sviluppare non ha nulla a che fare con l'acqua, ma semmai con la nostra vita quotidiana.

Quelle ventiquattro ore che ognuno di noi deve gestire per decadi nel corso della sua vita sono diventate così complesse, dense di doveri, veri o presunti tali, da far sì che chiunque, di tanto in tanto, abbia voglia di gettare la spugna e fuggire su una spiaggia tropicale.

Pensaci un attimo: traffico, ritardi nei trasporti, appuntamenti, impegni con figli e famiglia, rispondere alle mail, ore e ore di lavoro, distrazioni continue e stress di ogni genere rendono sempre più improbabile qualsiasi forma di benessere. Oggi, perfino quando siamo liberi e pronti per un po' di relax, partono i pensieri negativi, le ansie per il futuro, i rimorsi per il passato. Insomma siamo delle anime in pena senza pace. In più, in mezzo a tutto questo, ci viene suggerito di fare sport, mangiare sano, rilassarsi ma così, per molti, il messaggio sembra quasi una presa in giro.

Tuttavia, in mezzo a tanti che annaspano e fanno fatica vi sono alcuni che riescono a costruirsi una vita come la vogliono loro. Sono solo persone fortunate? Oppure sono uomini e donne che con pazienza e intelligenza costruiscono un cammino anche dove non sembra essercene uno?

La vita di ogni giorno non dovrebbe essere la fonte primaria di malessere, ma al contrario il nostro rifugio, la condizione che ci permette di ricaricarci ed essere pronti ad affrontare le componenti straordinarie della nostra vita come le sfide, i pericoli e i cambiamenti.

Oggi, proprio perché la vita quotidiana è diventata per molti una sofferenza, non siamo più in grado di trovare l'energia positiva per affrontare nemmeno le più piccole sfide, le minuscole deviazioni che ci servirebbero per crescere e progredire. Tutto ci fa paura, tutto ci dà ansia perché ci mancano la basi, le fondamenta che danno forza alla struttura: una vita quotidiana sana, genuina e rafforzante.

Tutto questo è causato principalmente da due fattori interconnessi:

- ***Abbassamento delle barriere difensive***: abbiamo lasciato che uno tsunami fatto di tensioni, paure, frustrazioni e violenze devastasse la nostra vita interiore. Non abbiamo nemmeno provato a proteggerci, abbiamo aperto le porte e invitato dentro la nostra vita programmi televisivi macabri, dibattiti inutili, informazioni sul peggio del peggio. Abbiamo festeggiato l'arrivo di cibo spazzatura, fumo, droghe e alcol. Abbiamo creduto che il benessere si potesse semplicemente acquistare con una strisciata di carta di credito. Ma ci siamo ritrovati con un buio pesto nell'anima. Le famiglie, una volta riunite davanti ad un fuoco per scambiarsi esperienze e idee, oggi si lobotomizzano davanti a qualche programma televisivo che fa audience sulle disgrazie altrui. Pensiamo che sia solo intrattenimento e invece è intossicazione vera e propria. Con mail, messaggi e una reperibilità pressoché permanente abbiamo poi accettato la seconda invasione, quella degli altri, dei colleghi, dei cosiddetti amici, dei compagni di social, di un mondo più o meno conosciuto di problemi altrui, idee altrui, valori altrui che magari non ci danneggiano ma che spesso ci distraggono da chi siamo noi veramente, dalle persone che contano davvero nella nostra vita e dal nostro vero potenziale.
- ***Abbassamento delle barriere di fuga***: l'aver fatto entrare una lunga serie di spettri negativi nella nostra vita giornaliera ha automaticamente portato al tentativo di fuggire più lontano possibile e di cercare all'esterno de-

gli appigli per risollevarsi. Così, presi dalla confusione e dal caos provocato dallo tsunami interiore, non ci è rimasto altro da fare che mollare i nostri freni personali e considerare la nostra vita quotidiana non più qualcosa di prezioso e sacro, ma un luogo da cui scappare. Paradossalmente la ricerca di fuga ci porta però ancora più nelle braccia dell'invasore. L'evasione da una quotidianità che non ci soddisfa ci porta a ricercare informazioni ancora più macabre fino a diventarne quasi dipendenti, ad avere ancora più bisogno di cibo spazzatura, intrattenimento spazzatura, pettegolezzi spazzatura e pensieri spazzatura.

Come si esce da questo labirinto che difficilmente ci permette di vivere a pieno e di avere salute, benessere e felicità come nostri obiettivi?

Esistono tre passi fondamentali per creare una nuova vita quotidiana e una nuova realtà interiore:

1. ***Ricostruisci le tue barriere***: impara ad essere selettivo. Proteggi il tuo territorio interiore fino a creare una bolla, un'oasi, una fortezza impenetrabile. Sii geloso del tuo mondo e permetti che entrino solo ospiti delicati, persone e cose che aggiungono vero valore. Lascia fuori chi scarica immondizia, caccia chi succhia energia, evita le serpi che infondono timore, odio e rabbia. Riempi il tuo regno di bellezza, gioia, purezza e onore. Non importa quanto grande diventa. Può essere anche microscopico. Quello che conta è che sia davvero come tu lo vuoi.

2. ***Crea il tuo cerchio magico***: dentro il tuo regno ci sono le persone di cui ti fidi davvero, quelle che ami, stimi e apprezzi. E quelle con cui puoi sempre aprirti ed essere te stesso perché i tuoi sentimenti sono ricambiati. La selezione è severa e attenta. Le persone devono

guadagnarsi la tua fiducia e tu non la devi regalare a casaccio. Magari a volte ti sbaglierai e dovrai rivedere le tue valutazioni. Ricordati però che il cerchio magico è fatto di persone che fisicamente ti stanno vicino. I membri devono essere parte della tua vita quotidiana, se è quella che vogliamo ricostruire. L'amico del cuore che abita dall'altra parte del mondo e che ogni tanto incontri è importante ma serve a poco per ricostruire le tue giornate. Il primo e fondamentale elemento del cerchio magico dovrebbe essere la tua famiglia.

3. *Pratica la gratitudine*: essere profondamente grati per quello che si ha e ancora di più per ciò che si è, costituisce una guida importante per non andare fuori strada. In ogni vita esistono innumerevoli ragioni per essere grati, ragioni che spesso non vediamo e non sfruttiamo per rasserenare la nostra mente e rafforzare la nostra anima. La gratitudine non è un semplice stato in cui ci si trova ma una pratica che parte da una scelta deliberata. È necessario scegliere di voler ringraziare per quello che si ha. Nella vita possiamo sempre decidere di recitare la parte della vittima. Questo però non aiuterà mai a risolvere i problemi che abbiamo, semmai solo ad amplificarli e così ad esaurirci ancora di più.

Ricostruire la propria vita partendo dalla quotidianità richiede alcune strategie, specifici percorsi di recupero. Le modalità con cui le persone si perdono ed entrano in difficoltà seguono degli schemi prefissati abbastanza sovrapponibili. Anche se ognuno è diverso e le nostre vite non combaciano in tutto, esistono tratti comuni sia negli errori che commettiamo che nelle miracolose riprese di rotta di cui siamo capaci.

Come esercizio...

Valuta la qualità del tuo mondo, le persone che ne fanno parte e lo stato emotivo in cui ti trovi più spesso. Analizza come perfezionarlo e renderlo davvero la tua oasi di pace e serenità.

Essere duri senza perdere la tenerezza

Anni fa qualcuno mi regalò un poster di Ernesto Che Guevara con una sua classica foto con il basco, il sigaro in bocca e una citazione: "Bisogna essere duri senza perdere la tenerezza". Il poster rimase appeso alle pareti dei miei appartamenti da studente senza alcun motivo specifico, ma poi sparì in mezzo a qualche trasloco. Non essendo un fanatico di nessun tipo di rivoluzionario politico, né di destra né di sinistra, non ne sentii mai la mancanza.

Anni dopo il poster riemerse, ma questa volta non mi limitai a valutarlo in base al personaggio rappresentato ma esclusivamente per la potenza della frase trascritta. Essere duri senza perdere la tenerezza. Essere in grado di esprimere forza, capacità di decisione, coraggio di affrontare la vita e i suoi ostacoli ma senza perdere quella dolcezza, quell'amore per sé e per gli altri che rende la vita a colori piuttosto che in bianco e nero.

Una sfida difficile che la maggior parte di noi oggi non sembra in grado di affrontare. Le persone sono spesso molli dentro ma dure fuori, vigliacche ma arroganti, insicure ma aggressive.

Lo noto spesso nel comportamento dei genitori nei confronti dei bambini. Il bambino fa qualche capriccio e il genitore fa il gradasso: frasi di minaccia, inviti a smetterla immediatamente, promesse di ritorsioni di ogni natura. Il bambino avrebbe solo bisogno di essere rassicurato e diretto con tenerezza e invece gli arriva addosso uno tsunami di aggressività. A questo punto il piccolo ha una reazione brusca e dal capriccio passa alla crisi isterica. E a questo punto cosa accade? Il genitore cede miseramente. Anche se magari involontariamente, in questo modo il genitore ha fatto esattamente il contrario di ciò che avrebbe dovuto fare.

Altri esempi si scoprono entrando nel contesto dei rapporti tra partner, cosa che mi capita molto di frequente anche nell'ambito del mio lavoro clinico.

Il marito sarcastico, la moglie insoddisfatta e nervosa, sono espressioni di un'alterata base emotiva all'interno del rapporto. Molto spesso si osservano persone che sono più gentili, cordiali e premurose fuori dal contesto familiare e degli affetti. Sembra quasi che il conoscersi di più, l'essere più vulnerabili, invece di tirare fuori la nostra dolcezza ci costringa ad alzare barricate, a mostrare i lati peggiori di noi.

Cerchiamo di capire cosa vuol dire essere duri senza perdere la tenerezza. Vuol dire sapere affrontare i problemi a testa alta, essere disciplinati prima di tutto con se stessi, avere coraggio ed essere pronti a combattere per le proprie idee, saper soffrire senza fare la vittima e lamentarsi.

Ma vuol dire anche amare se stessi e gli altri, commuoversi ed emozionarsi, non tirarsi indietro nel darsi pienamente nei rapporti, dispensare sorrisi e carezze e sapere essere ironici quando serve anche con se stessi.

Essere duri senza perdere la tenerezza rappresenta un tassello fondamentale dell'arte del vivere a pieno.

Come esercizio...

Prova a valutare in che occasione ti capita di essere molle ma senza tenerezza e cerca di rovesciare la situazione ripristinando allo stesso tempo amore e tenerezza ma anche fermezza e capacità decisionale.

Stai dando il meglio di te?

È facile puntare il dito verso gli altri. Trovare sempre un modo per dare la colpa a qualcun altro, tirarsi fuori e illudersi di non aver ruolo attivo quando le cose non vanno bene. È altrettanto facile per molte persone prendersi invece tutto il merito quando qualcosa va nella direzione giusta. Ci concentriamo sui risultati e quando questi ci piacciono allora tendiamo ad assumercene la paternità, quando invece non ci aggradano scarichiamo la colpa su qualche capro espiatorio.

Questo focalizzarsi sui risultati e a posteriori determinare chi li ha causati rende difficili le nostre relazioni e scarsa la nostra prestazione.

Facciamo l'esempio di una persona che voglia perdere peso. Se tutto va secondo i piani, sarà pronta a dire che è stata brava, disciplinata e si sentirà orgogliosa. Se invece qualcosa va storto nella maggior parte dei casi emergeranno degli alibi e dei cosiddetti "problemi sicuri". Questi sono definiti come problemi a cui restiamo ancorati quasi come se ci dessero sicurezza perché sono e resteranno parte di noi.

In questo caso la persona potrebbe per esempio dire "Ho il metabolismo lento", "Ci sono state le feste" o anche "Sono pigra e non riesco a fare esercizio". Sono problemi che in realtà tendiamo a non voler superare perché ci identifichiamo con essi, sono parte della nostra identità e di ciò che gli altri riconoscono di noi. Sono elementi della nostra comfort zone e superarli vorrebbe dire uscire allo scoperto e doversi occupare dei veri problemi sottostanti: nel caso del sovrappeso a volte un cattivo rapporto con se stessi o un generale senso di insoddisfazione. I "problemi sicuri" sono quelli che non si risolvono mai e quindi sono facili da identificare se lo vogliamo fare seriamente.

Se una persona per tutta la vita passa da una dieta all'altra, vuol dire che l'essere sovrappeso e perfino lo stare perennemente a dieta sono diventati "problemi sicuri". Potremmo dire che sono problemi di cui ci occupiamo costantemente ma che in fondo non vogliamo risolvere. Sono un modo sicuro di tenere occupata la nostra preoccupazione (spero sia chiaro il concetto) con qualcosa di non eccessivamente preoccupante.

Sotto un problema sicuro c'è sempre un problema vero, per nulla sicuro, di cui ci fa paura occuparci.

Una domanda che io suggerisco spesso, perché rompe la logica ripetitiva di questo tipo di problema è: "Sto dando il meglio di me?"

Questa domanda è tanto semplice quanto potente ed è in grado, in un istante, di cambiare la nostra prospettiva su qualsiasi tipo di problema o evento.

Chiederti se stai dando il massimo è anche un modo per affrontare gli alibi e i finti problemi e andare diritto al nocciolo della questione, senza paura. È un modo per mettere un freno a discussioni che stanno degenerando, a reazioni spropositate, a nervosismi inutili. È la domanda che si può fare una mamma quando reagisce in malo modo ai figli, un manager quando tratta male i suoi dipendenti, una persona bloccata nel traffico che sta per avere una crisi isterica, un adolescente che contraddice a tutti i costi i genitori o gli insegnanti, uno sportivo durante una prestazione che sta andando male.

È anche la domanda giusta da farsi davanti ad un successo per goderselo appieno oppure per comprendere che la prossima volta si può fare ancora meglio. Ed è la domanda da farsi per portare in superficie i finti problemi che ci distolgono dalla possibilità di affrontare quelli veri.

Per rendere operativa questa domanda puoi provare ad inserirla nella tua meditazione quotidiana, oppure dedicare dello spazio nel tuo diario alle risposte che emergono giorno per giorno. Se ti abitui a chiederti se stai dando il meglio di te più e più volte, diventerà naturale rivolgerti la stessa domanda anche nei momenti critici e di difficoltà, quando le nostre risorse in termini di attenzione diminuiscono e tendiamo a ricadere in automatismi a volte sbagliati.

La domanda può essere anche declinata e resa più specifica: Sto dando il meglio di me?

- Sto rispondendo a questa richiesta nel modo migliore?
- Ho mostrato il lato migliore della mia personalità?
- Questo atteggiamento riflette chi sono io?
- Cosa penserebbe di me questa persona se vedesse solo questa mia reazione?
- Questa risposta è quella che vorrei vedere in una persona che stimo?
- Se dovessi educare qualcuno, insegnerei questa reazione?
- A posteriori riconosco questa risposta come la più idonea?
- Reagire in questo modo mi fa ottenere di più dagli altri?
- Sto ripetendo delle reazioni che ho visto in altri e con cui sono stato educato?

Dare il meglio di sé è fondamentale per percepire soddisfazione e appagamento dalla propria vita. È anche un aspetto centrale nella qualità dei nostri rapporti con gli altri e nella gestione di noi stessi anche in termini di salute. Quindi il dare il meglio è il collante che lega in qualche modo le variabili fondamentali del vivere a pieno. Non accontentarti di una vita a metà.

Come esercizio...

Inizia a chiederti se stai dando il meglio di te nelle diverse circostanze e situazioni in cui ti trovi. Tutte le volte che rispondi sì, goditi la soddisfazione. Quando rispondi no, cerca di capire cosa devi migliorare.

Il potere della rinuncia per riprendere controllo

Prova a domandarti che cosa fa la differenza tra una vita mediocre e una vita grandiosa. I successi, i soldi accumulati, la posizione sociale raggiunta e i titoli conquistati? O sono invece le emozioni vissute, gli sguardi d'amore regalati senza chiedere nulla in cambio, la paziente dedizione alle cose e alle persone con cui abbiamo deciso di passare la nostra esistenza?

Anche se a ciascuno di noi viene istintivo rispondere che la vita emotiva è quella che conta davvero, non è su queste basi che la società ci educa ad impostare la nostra vita. La nostra attenzione, fin dalla giovane età, è diretta per lo più su aspetti tangibili, concreti e materiali che riflettono l'idea sociale di successo e realizzazione molto di più di quella individuale. Anche nei riguardi della nostra salute tendiamo a commettere un errore di valutazione simile. Sappiamo benissimo cosa dovremmo fare per vivere bene ma molto spesso continuiamo a fare scelte che ci danneggiano. Privilegiamo il piacere a breve termine perché tangibile, concreto e immediato e tendiamo a non dare peso a quello a lungo termine perché più sfumato.

Dobbiamo rassegnarci a pensare che alla nostra specie manchi qualche circuito nervoso finalizzato al non farsi del male? Anche se può sembrare assurdo, le cose stanno in un certo senso proprio così. Noi uomini moderni siamo vittime di un fenomeno detto discordanza evolutiva: quando l'ambiente cambia a velocità molto superiore rispetto alle capacità di adattamento di una specie, emergono dei problemi dovuti appunto a una discordanza tra esigenze biologiche e realtà ambientale.

Prova a immaginarti il mondo in cui ci siamo evoluti. Un mondo durissimo, con poco cibo, pieno di fatica e di privazioni, senza aiuti e in cui la natura la faceva da padrona su tutto e tutti. Abituati a non avere nulla e a dover faticare mostruosamente per superare ogni giornata, gli esseri umani si sono adattati a ricercare il piacere immediato come vero e proprio mezzo di sopravvivenza.

Il vecchio dilemma "meglio un uovo oggi o una gallina domani" in ottica evolutiva non ha alcun senso. L'uomo ha sempre scelto l'uovo oggi, non per stupidità o scarsa lungimiranza, ma perché sulla gallina di domani non c'è mai stata alcuna certezza. In sostanza, per i nostri antenati lontani, nulla di ciò che dava piacere immediato poteva comportare grandi danni nel tempo. Anzi aveva buone possibilità di essere di grande aiuto.

Con i progressi di scienza e tecnologia e l'esponenziale manipolazione esercitata dall'uomo sulla natura, abbiamo rotto per sempre questi delicati equilibri dando vita ad un nuovo mondo che poco ricorda quello in cui ci siamo evoluti. Ci sentiamo senza dubbio più a nostro agio oggi e nessuno di noi tornerebbe volentieri tra i cavernicoli. Tuttavia tendiamo a dimenticarci che i nostri geni, la nostra biologia e i nostri istinti comportamentali sono rimasti del tutto ancorati al passato. Abbiamo trasformato l'ambiente ma non abbiamo avuto la possibilità di intervenire sui nostri personali meccanismi d'azione. Ecco perché scegliamo ancora il piacere immediato invece di guardare al vantaggio più grande a lungo termine. Oggi, circondati da ogni bene possibile ed immaginabile, immersi in un oceano di cibi buonissimi, esonerati da ogni forma di fatica fisica, continuiamo a scegliere di abbuffarci, di poltrire davanti alla televisione, di preferire il tutto subito ad un modo più sobrio e lungimirante di goderci la vita. Non siamo in grado di cogliere che nel nostro nuovo mondo conta molto di più in che condizione arrivi alla fine piuttosto che quanto veloce parti. Non stiamo più correndo i centro metri ma una maratona. Proprio perché partiamo a tutta, come se la gara durasse pochi secondi, arriviamo annaspando e privi di energia alle fasi cruciali della corsa.

Non possiamo aspettarci che sia l'evoluzione a risolvere i nostri problemi. I geni si modificano in molti milioni di anni e per questo dobbiamo arrangiarci solo con le nostre forze, in particolare quelle del nostro cervello. Ecco come fare con alcune regole comportamentali:

- *Guadagna tempo*: ogni reazione comportamentale istintiva percorre circuiti nervosi molto elementari e per questo immediati e veloci. Molte di queste risposte sono addirittura inconsapevoli proprio perché rapidissime. Rallentare la velocità permette il coinvolgimento di canali nervosi più complessi che danno vita a comportamenti più ragionati. Davanti alla tentazione irrefrenabile di un dolce, per esempio, fa una differenza enorme se il dolce ce l'hai a tiro o se invece devi procurartelo. Il rallentamento del comportamento dà il tempo al ragionamento razionale di ponderare se stai facendo bene o male. Qualsiasi sia il problema istintivo che devi affrontare, rallentare ti aiuterà a riprendere il controllo.
- *Concentrati sul vantaggio*: puoi decidere su cosa concentrarti nella vita. Puoi vedere il bicchiere mezzo pieno o mezzo vuoto. Avere una percezione o l'altra non è questione di fortuna, ma di pratica e di esercizio. Ogni scelta che ci allontana da un piacere immediato può essere vista come una rinuncia, una privazione, ma anche come una ripresa di controllo. Oppure potremmo concentrarci sul beneficio che ci porterà successivamente. Rinunciare ad abbuffarsi ad una cena, per esempio, permetterà di dormire meglio e di non sentirsi appesantiti il giorno dopo. Nel tempo questo comportamento premierà la nostra salute e ci permetterà di non ingrassare.
- *Chiediti cosa faresti*: occorre creare la prospettiva più idonea per non cascare nella trappola dell'impulsività. Prova a chiederti cosa faresti se fossi un cavernicolo. Vedrai che inevitabilmente tutti i comportamenti più istintivi, ma anche meno positivi a lungo termine, ver-

ranno collegati alla tua versione preistorica. Poi chiediti cosa faresti se fossi super-evoluto, un uomo del futuro capace di gestire la sua vita al meglio. Ti accorgerai che questa versione di te sarà saggia, capace di scegliere un compromesso tra l'oggi e il domani e di proteggerti a lungo termine. Se te lo chiederai spesso, l'uomo saggio inizierà a prevalere e a guidare le tue scelte.

Nel mondo moderno ci viene richiesto di correre una maratona e non uno sprint. Abbiamo bisogno di goderci la corsa passo dopo passo, ma allo stesso tempo di tenere presente che, se vogliamo arrivare alla fine, dobbiamo dosare le forze con grande intelligenza. Ricordati che la soddisfazione più grande è passare il traguardo sulle tue gambe e felice di come hai corso.

Come esercizio...

Domandati sempre cosa sei disposto a sacrificare oggi per avere di più domani. Prova a identificare un comportamento in cui perdi spesso il controllo e adotta le tre strategie proposte.

Imparare a ridere

Una risata è forse la più potente medicina per l'anima. Ma non solo. Oggi sappiamo da numerose ricerche scientifiche che ridere ha un'azione profonda sulla nostra salute psichica e fisica. Funziona come un antidoto allo stress, al dolore e al conflitto, aiuta a sfogare la rabbia e permette di adottare rapidamente delle prospettive differenti e nuove. Ridere, essere ironici e soprattutto auto-ironici è una delle chiavi per vivere a lungo e soprattutto bene.

I benefici del ridere sono stati ben classificati in varie ricerche:

- *Benefici sulla salute fisica*: ridere potenzia il sistema immunitario, in particolare attraverso una riduzione dello stress e della produzione di cortisolo che agisce come un inibitore del sistema immunitario stesso. Inoltre una risata riduce il dolore, rilassa i muscoli e i vasi e ha un'azione preventiva per le malattie cardiache.
- *Benefici sulla salute mentale*: ridere apporta gioia e energia alla vita, riduce l'ansia e le tensioni, aumenta il tono dell'umore migliorando l'equilibrio tra i vari neurotrasmettitori e migliora la capacità di adattamento agli eventi della vita. L'autoironia in particolare permette di gestire meglio le nostre debolezze e i nostri limiti.
- *Benefici sulla qualità delle relazioni sociali*: ridere spesso rafforza i rapporti con gli altri, aumenta l'intimità e la sintonia delle relazioni, crea un terreno comune su cui far maturare i rapporti, migliora il lavoro di squadra ed è fondamentale per gestire i conflitti.

Sapere ridere è fondamentale perché permette di adottare prospettive diverse e più efficaci per una gestione ottimale dei problemi che tutti noi incontriamo nella vita. Le persone che si prendono troppo sul serio tendono a prendere troppo seriamente tutto e tutti, alzando in questo modo l'altezza degli ostacoli da superare.

Ridere è anche un collante fondamentale nei rapporti con il proprio partner e con la famiglia in genere. Ridere assieme aumenta la spontaneità, riduce i comportamenti difensivi ed elimina le inibizioni.

Ma si può allenare la predisposizione a ridere? Ci si può rendere più portati alla risata? Come per tutte le variabili che ci riguardano, la risposta è sì, basta allenarsi. Ecco allora i dieci punti su cui lavorare:

- **Sorridere**: il sorriso è il preambolo della risata. Un sorriso è contagioso, abbassa la diffidenza e la tensione nei rapporti con gli altri e riduce lo stress personale. Prova a sorridere sempre e per primo e vedrai come cambierà la tua vita.

- **Praticare la gratitudine**: essere grati permette di avere un tono dell'umore più alto e quindi una soglia più bassa per la risata. Essere grati equivale a essere soddisfatti e questo a sua volta abbassa la rabbia e le emozioni negative, che sono un freno all'allegria.
- **Stare con persone che ridono**: ridere è contagioso così come essere tristi, negativi e rabbiosi. Decidi di passare il tuo tempo con le persone che ti rendono più allegro e che ti fanno stare meglio.
- **Coltivare l'ironia e l'auto-ironia in particolare**: essere ironici e auto-ironici è un atteggiamento che parte da una decisione interna. Si può sempre trovare il modo di cambiare prospettiva sulla maggior parte dei nostri problemi per ridurre il livello di sofferenza.
- **Scegliere un intrattenimento che faccia ridere**: che senso ha scegliere di divertirsi soffrendo? Meglio scegliere film o spettacoli in generale che ci rallegrano e che contribuiscono a farci stare meglio.
- **Ridi invece di lamentarti**: prova a decidere di ridere ogni volta che ti viene spontaneo lamentarti. La lamentela è un amplificatore dei problemi che non migliora la loro soluzione.
- **Decidi di ridere ogni giorno**: prendi la decisione di non lasciar passare nemmeno un giorno senza farti una bella risata. Se alla fine della giornata non ci sei ancora riuscito, guardati un video del tuo comico preferito.
- **Soffermati su ricordi che ti fanno ridere**: presi dalla vita frenetica, spesso ci dimentichiamo quante risate ci

siamo fatti nella nostra vita. Soffermarsi sui ricordi che ci fanno ridere è un modo perfetto per riviverli.

- **Metti degli "smiley" in giro per ricordarti di essere ironico**: la vita quotidiana ci rende distratti e spesso ci dimentichiamo delle cose più importanti. Mettiti degli adesivi con degli smiley sul telefono, sullo specchio, sulla porta del frigo, sul volante della macchina, sul computer al lavoro in modo da essere ricordato più volte nel corso della giornata di quanto sia importante ridere.
- **Pratica la risata come esercizio**: esistono corsi di risata, programma di yoga della risata, corsi di recitazione comica e altri strumenti che possono aiutare a sviluppare la tua capacità di ridere. Se sei in difficoltà possono essere un buon approccio.

Come esercizio...

Inserisci nella tua giornata tipo qualche minuto per una bella risata. Se non hai nulla per cui ridere guarda un pezzo di un film comico che conosci o leggi un libro di barzellette. Perché ridi non è molto importante.

Assaporare la vita

La vita dovrebbe essere assaporata fino in fondo come un buon bicchiere di vino o una pietanza deliziosa, annusata a piene narici come un profumo inebriante, osservata con gli occhi spalancati come quando un bambino vede una cosa meravigliosa per la prima volta.

Troppi di noi perdono la capacità di assaporare la vita finendo così con il viverla a metà. Uso il verbo perdere non a caso. I bambini nascono e crescono per la prima parte della loro vita con un'incredibile capacità di assaporare ogni dettaglio di ciò che accade a loro. Vivono davvero a pieno, nel bene e nel male, nell'audacia e nella paura, nella risata e nel pianto, nel muoversi incessantemente e poi nel dormire come dei ghiri.

Siamo noi adulti che ci collochiamo nel mezzo, in quell'area grigia che la società ci indica come la più consona ad avere una vita pacifica. E non ci chiediamo mai se quel termine, pacifico, non sia la nostra condanna certa ad una vita non vissuta pienamente.

Quello che caratterizza i bambini, l'elemento che permette loro di assaporare tutto al massimo è lo stupore, lo stato d'animo di una persona che vede e osserva cose meravigliose. E la vita di tutti noi non è forse piena, ogni istante di cose meravigliose? Sarebbe bellissimo se fossimo capaci di percepire meraviglia per il nostro cuore che batte, per i muscoli che si contraggono, per il cervello che pensa e analizza tutto, per la natura che ci circonda e per le fantastiche cose di cui l'uomo ha arricchito il pianeta!

Continuare ad essere stupiti dalla vita e da ciò che ci regala è la miglior garanzia di assaporarne l'essenza fino in fondo. Lo stupore dipende molto da quanta attenzione dedichiamo alle cose che ci circondano o da quanto permettiamo a problemi, impegni, preoccupazioni di invadere e occupare del tutto la nostra mente, riducendo bruscamente la nostra consapevolezza.

In questo modo rischiamo di diventare dei robot che passano attraverso la vita senza percepirne nulla a livello emotivo.

Lo stupore quindi è una condizione che va coltivata con attenzione perché rappresenta la soluzione a molti dei nostri problemi, la possibilità di recuperare entusiasmo ed energia.

Un modo semplice e intelligente per far crescere in noi lo stupore, la curiosità e la meraviglia è di programmare con regolarità di esporsi a stimoli che ci arricchiscano emotivamente:

- **Arte**: l'arte tocca numerose corde emotive nell'essere umano e per questo è capace di generare ogni sorta di reazione. Difficile però rimanere impassibili, si è quasi costretti a farsi stupire.
- **Natura**: la natura è una vera e propria palestra per lo stupore se solo impariamo ad osservarla con sufficiente attenzione e rispetto. Ogni ambiente (mare, foresta, montagne, deserti) ci offre infinite sorprese.
- **Sport**: fare sport ci permette di riconnetterci con il nostro corpo, meraviglia per eccellenza. Se impariamo a sentire il corpo sotto sforzo possiamo rimanere letteralmente stupefatti dalle sue capacità.
- **Musica**: nulla è così diretto come la musica. In pochi istanti una melodia arriva dritta al cuore in tutta la sua potenza. Farsi trasportare dalla musica e magari ballare sono modi di eliminare i filtri razionali che non permettono lo stupore e l'assaporare la vita.
- **Esseri viventi**: il contatto fisico con gli altri, le coccole, gli abbracci, le carezze e anche il giocare con un animale sono un ottimo modo di riconnettersi con la nostra essenza, senza filtri.

Saper assaporare la vita è un'arte e forse in parte anche una scienza. Richiede sensibilità, ma anche rigore ed impegno. Se ci facciamo travolgere dai ritmi frenetici della società moderna, sarà difficile se non impossibile goderci la vita a pieno. Dobbiamo provare a rallentare e a ritagliarci degli spazi appositi per riscoprire il piacere del vivere invece del fare.

Come esercizio...

Decidi di inserire almeno una volta alla settimana un'esperienza in una delle cinque aree di stimolazione descritte sopra.

Sii sempre gentile

Capita di incontrare nella vita delle persone che ti colpiscono per la loro gentilezza, i modi, la disponibilità, la grazia e l'umiltà. Sono sempre più rare in un mondo che sembra premiare l'arroganza e la supponenza, spesso associata ad un'imbarazzante mediocrità di fondo.

Essere gentili sempre e comunque è una decisione di principio, è un non accettare di diventare preda di impulsi come la rabbia, l'invidia, il fastidio o ancora peggio la supponenza, stati d'animo che testimoniano solo lo scarso lavoro interiore svolto da chi li manifesta.

La nostra transitorietà e la relativa brevità della nostra esistenza ci ricordano che non abbiamo molto da perdere. Ci fanno presente che ogni atteggiamento assunto per sembrare ciò che non siamo contribuisce solo a rendere meno chiara e più nebbiosa la nostra presenza su questo pianeta.

Il mondo non ha bisogno di altre persone che strillano, che urlano, che sbraitano, che sguaiatamente autoproclamano la loro importanza, la loro superiorità e la loro autorità. Chi fa così fa un torto al mondo, agli altri ma soprattutto a se stesso. Ogni istante di rabbia o di arroganza si ritorce contro chi la prova. Ogni momento di invidia logora l'anima di chi lo vive. Non c'è scampo, per vivere bene si può solo amare se stessi, gli altri e la vita ed essere gentili, aperti, disponibili è il primo modo per dimostrarlo.

Del resto, anche se spesso non siamo capaci di essere gentili, a nessuno di noi piace essere trattato in modo sgarbato e antipatico. Quante volte capita di rimanere positivamente sorpresi dalla gentilezza di qualche impiegato in un anonimo ufficio o dalla commessa di un negozio? Sono incontri casuali con la gentilezza e quando capitano, magari senza nemmeno che ce ne accorgiamo, ci rendono la giornata più bella e piacevole.

Allora perché non provare a prendere l'iniziativa e a diventare un distributore di gentilezza, un catalizzatore di emozioni positive, un promotore di bellezza?

Pensaci, cosa hai da perdere?

Secondo te Nelson Mandela, Madre Teresa di Calcutta, Muhammad Ali, Martin Luther King, Gandhi, Oskar Schindler, il Dalai Lama e altri eroi di ieri e di oggi sono persone che si lascerebbero prendere dalla rabbia e intrappolare da una scenata?

Se Gesù fosse tra noi oggi e gli capitasse di perdere un aereo se la prenderebbe secondo te con il personale della compagnia aerea?

No, queste sono reazioni da mezze tacche, tipiche dei tanti "lei non sa chi sono io", persone che non sanno nemmeno da dove inizia il lavoro interiore che ti rende un uomo migliore.

Come sostiene il mio amico Robin Sharma, essere un leader non vuol dire avere un titolo, un grande ufficio, essere autoritari e vivere di privilegi. Essere un vero leader vuol dire mettersi al servizio di una causa più grande, capire che possiamo essere strumenti di aiuto per chi ha bisogno. In fondo essere leader vuol dire assumersi la responsabilità di vivere da uomo con la u maiuscola (o da donna con la d maiuscola) e di non accettare mai di dare meno del massimo e del meglio di ciò che possiamo dare.

Ricordati anche di essere gentile con te stesso, avere un auto-dialogo rispettoso, sereno perché è la gentilezza a creare i risultati migliori e non la forza.

Per provare a essere sempre gentile puoi seguire qualche consiglio pratico:

- Sorridi sempre per primo e sii onesto con tutti.
- Se incontri persone sgarbate, non reagire e anzi crea uno scudo di serenità e gentilezza.
- Quando hai a che fare con gli altri, trattali come vorresti essere trattato tu o anche meglio.

- Saluta e ringrazia, perché questo è quello che permette ad un buon rapporto di instaurarsi e crescere.
- Guardati meno allo specchio e più attorno, le cose importanti della vita sono oltre la tua faccia, il tuo trucco, la presenza o meno delle tue rughe.

La gentilezza non è altro che il risultato esterno della qualità del lavoro interno che stai facendo. Ricordati che ogni manifestazione di rabbia e di invidia e ogni mancanza di rispetto sono solo la dimostrazione della scarsa qualità dell'architettura interiore di chi se ne fa portavoce.

Come esercizio...

Decidi di essere sempre gentile. Affronta in particolare una persona con cui hai avuto un rapporto poco gentile e trasformalo partendo dal tuo atteggiamento. Non avere paura di una reazione sgarbata. Concentrati su come sarai tu.

Dolore e piacere: le forze che plasmano la vita

I comportamenti umani sono indubbiamente complessi e misteriosi. Il perché di certe scelte spesso appare davvero difficile da comprendere. Secondo Cloé Madanes e Tony Robbins, pur accettando un'infinita varietà di sfumature, possiamo considerare qualsiasi nostra decisione, ogni nostro comportamento come la conseguenza di due fondamentali tentativi che caratterizzano la vita di ognuno e se vogliamo anche la storia evolutiva e antropologica della nostra specie:

- la ricerca di piacere;
- la fuga dal dolore.

Se ci pensi bene, ogni aspetto della tua vita, anche il più complesso, può essere in qualche modo ricondotto a queste due basilari azioni. Sei andato via di casa per raggiungere una tua autonomia (ricerca di piacere) o per sfuggire alle pressioni di genitori troppo rigidi (fuga dal dolore)? Hai scelto un lavoro sulla base di quanto ti piace svolgerlo (ricerca di piacere) o semplicemente perché ti da una sicurezza economica e ti rassicura sui pericoli del futuro (fuga dal dolore)?

Gli esempi potrebbero essere molti ma credo tu abbia capito il concetto. La ricerca di un piacere più grande o la protezione da una qualche forma di dolore sono le forze che plasmano la nostra vita giorno dopo giorno.

Secondo Giorgio Nardone e altri psicologi della sua corrente di pensiero, esistono almeno quattro sensazioni di base, quattro condizioni prevalenti in cui una persona si ritrova a vivere. Allo stesso tempo esistono strategie specifiche di coaching che permettono di evitare a queste sensazioni di base di dominare i nostri comportamenti.

Paura

Nasce dal pericolo rappresentato dall'abbandono, dal rifiuto da parte dei genitori e della tribù che, in tempi antichi, rappresentava un rischio concreto di non sopravvivere. Si manifesta come una tendenza ad evitare, fuggire o paralizzarsi davanti alle sfide. La persona tenterà di mettere in atto una serie di soluzioni tra cui appunto l'evitare, il chiedere aiuto, il parlare del problema e il provare a controllare. Sono strategie fallimentari che vanno sostituite con tecniche che permettono gradualmente di sviluppare il grado di coraggio necessario per affrontare ciò che si teme.

- **Strategia di intervento:** Un esempio è quello di praticare la tecnica della peggior fantasia, immaginandosi volontariamente di immergersi in ciò che fa più paura. Questa tecnica sgonfia la paura, mentre il tentativo di controllo inevitabilmente la amplifica. La paura va guardata negli occhi, più provi a scappare e più ti insegue furiosa. La paura può essere toccata a piccole dosi, puoi imparare a testare e valutare i tuoi limiti e a portarli, passo dopo passo, un po' più in là.

Rabbia

Si manifesta come esplosione e quindi aggressione, come controllo che comporta a sua volta un logorio interno o come implosione verso se stessi. Per certi aspetti la rabbia è la manifestazione estrema della frustrazione, cioè del trovarsi costretti ad interagire con una realtà che non è come quella che desideriamo senza però vedere possibilità di trasformarla in modo pacifico. È chiaro però che la rabbia suscita sempre un meccanismo di difesa e di contrattacco da parte di chi la riceve e dunque tende ad avere un risultato finale contrario rispetto alle aspettative.

- **Strategia di intervento:** Anche in questo caso esistono delle tecniche di coaching strategico che possiamo usare a nostro vantaggio. Scrivere per esempio una vera e propria lettera di rabbia permette di scaricare la tensione attraverso la carta e la penna e di evitare di accumularla. Le lettere devono essere scritte assolutamente senza censura e possono essere rilette successivamente oppure gettate. La vera funzione dello scrivere in questo caso non è tanto di adottare prospettive diverse (cosa comunque utile) ma di allentare la morsa della rabbia e di evitare che condizioni i nostri comportamenti.

Dolore

Il dolore è una condizione per certi aspetti simile e spesso associata alla paura. Ci porta a evitare, rinunciare, delegare, non pensare o a fare le cose al di sotto delle nostre possibilità.

Come per la paura, anche per il dolore non esiste fuga possibile. Se proviamo a scappare finiamo con il diventare vittime e dipendenti dal nostro dolore, che diventa una sorta di scomodo compagno di viaggio. Il dolore è anche lo stato che proviamo più spesso a tamponare con farmaci, cure, rimedi di ogni natura. Ma alcuni dolori, in particolare quelli fisici, si possono arginare, altri devono essere superati affrontandoli.

- **Strategia di intervento:** spesso viene suggerito di scrivere una sorta di romanzo del dolore, un resoconto dettagliato della sofferenza e delle sue origini. A volte il racconto potrebbe partire dalla fine, ossia dai disastri e dai dolori di oggi per ricostruire a ritroso il percorso che gli ha generati. Non è certo facile affrontare questi passaggi e spesso è necessario un aiuto esterno, ma affrontare le origini del problema, anche nel caso del dolore, è indispensabile.

Piacere

Il piacere è una sensazione di base positiva ma molto spesso un'arma a doppio taglio. Abbiamo infatti solo due scelte di fronte al piacere: non concedercelo o concedercelo senza controllo e quindi correre il rischio di farci del male. Il piacere, infatti, crea dipendenza e ci proietta in una dimensione in cui la ricerca del piacere stesso diventa la forza trainante della nostra esistenza. Come abbiamo visto in altre sezioni di questo libro, la perdita di controllo nei confronti del piacere è una problematica particolarmente presente nel mondo di oggi. Eccesso di cibo, alcol, fumo, gioco d'azzardo e altre dipendenze più o meno gravi sono esempi di ricerca eccessiva di un piacere. Spesso le proposte terapeutiche che puntano al controllo sortiscono risultati temporanei o portano perfino ad un peggioramento della situazione.

- **Strategie di intervento**: a volte un approccio paradossale può contribuire a gestire in modo molto più efficace queste situazioni. Alcune tecniche prevedono per esempio di trasformare il piacere in un dovere. Ad una persona per esempio che tende a mangiare troppa cioccolata si potrebbe suggerire di non mangiarla ma dirle che, in caso di cedimento, se ne mangia un pezzo, automaticamente ne deve mangiare cinque. In poco tempo questo trasforma la ricerca del piacere e la trasgressione di una regola in un dovere pressante e fastidioso. Il risultato potrebbe essere quello di perdere rapidamente il desiderio per la cioccolata.

Come esercizio...

Prova a domandarti in quale sensazione di base ti trovi più spesso e se le scelte importanti della tua vita sono stata fatte per ricercare piacere o evitare dolore.

Conclusioni

Circondato da libri di medicina, dopo anni di studi, applicazioni, elaborazioni, congressi, corsi e sforzi divulgativi, è come se fossi arrivato ad un bivio. Potevo continuare ad approfondire fino a perdermi in mille dettagli e in analisi sempre più complesse o, al contrario, provare ad alzare lo sguardo, ad andare oltre la medicina, oltre la salute e a capire non tanto come si fa a rimanere sani quanto quali doti si debbano possedere per riuscire a godersi la vita a pieno.

Sì, perché le migliaia di pazienti visitati negli anni, dagli astronauti ai terrestri, e le tantissime persone incontrate in giro per il mondo mi hanno convinto che l'obiettivo di tutti noi non è la salute in quanto tale, non è la prevenzione né tantomeno la longevità. Quello che noi tutti vogliamo dal profondo del nostro cuore è vivere una vita che abbia senso, finire i nostri giorni appagati e non pieni di rimpianti, rimorsi e rancore, sentimenti capaci di gettare un'ombra anche sulle eventuali luci della nostra esistenza.

In fondo ogni essere umano vuole solo questo: realizzare se stesso, vedere che questo istante che è la vita di ognuno di noi abbia avuto un senso per sé, ma forse ancora di più per gli altri. Che sia per i propri figli o per il mondo in generale, è sempre la sensazione di aver contribuito a qualcosa di più grande della nostra mera sopravvivenza materiale a fare un'enorme differenza.

Nel tempo mi sono convinto che le esistenze più felici e più piene non dipendono dall'accumulo di beni materiali, e nemmeno strettamente dalla salute o dalla forma fisica, che sono eventualmente solo dei mezzi per fare della propria vita ciò che si vuole. Più aumentava l'esperienza come medico e più mi convincevo che non era la medicina quello che poteva fare davvero la differenza nella realizzazione di una vita.

Forse sarebbe dovuto essere ovvio fin dall'inizio e non c'era nulla di cui stupirsi. D'altra parte io non avevo deciso di fare il medico semplicemente per eliminare la patologia e curare i malati, ma per cercare di creare salute nella speranza che questa potesse automaticamente dare la felicità.

Realizzare i limiti della mia disciplina ha contribuito a modificare il mio percorso e a spingermi in una nuova direzione. In fondo la mia professione mi aveva dato molto. Ero stato medico degli astronauti per anni, il primo medico italiano a certificarsi in America in medicina antiaging, avevo scritto molti libri di successo, raggiunto una certa notorietà come medico e come divulgatore anche grazie alla televisione e alla radio, avevo fatto un po' di soldi, avevo una splendida famiglia e conducevo una vita che poteva certamente essere definita di successo.

Ma era un po' come se stessi guardando un bel film, però

non esattamente del mio genere preferito. Sentivo che mancava qualcosa e la lettura di un libro mi aiutò a capire cosa.

Si tratta di un libretto scritto da un'infermiera australiana, Bronnie Ware, sui cinque rimpianti più grandi che emergono in punto di morte. Rimasi molto colpito dall'elenco proposto nel libro:

- **Rimpianto 1**: Vorrei aver avuto il coraggio di vivere una vita fedele ai miei principi e non quella che gli altri si aspettavano da me.
- **Rimpianto 2**: Vorrei non aver lavorato così tanto.
- **Rimpianto 3**: Vorrei avere avuto il coraggio di esprimere i miei sentimenti.
- **Rimpianto 4**: Vorrei essere rimasto in contatto con i miei amici.
- **Rimpianto 5**: Vorrei aver permesso a me stesso di essere più felice.

Dopo la lettura rimasi a riflettere sull'elenco a lungo. Mi ritornò in mente anche un'affermazione del Dalai Lama, secondo cui l'uomo occidentale passa metà della sua vita a perdere la salute per fare i soldi e l'altra metà a perdere i soldi per ritrovare la salute.

Quanta verità c'era in questa frase! E come non sentire la semplicità quasi scontata di quei rimpianti, che avevano il sapore amaro di un veleno che ti uccide poco a poco e di cui ti accorgi solo quando non c'è più nulla da fare? Possibile che sia così tremendamente difficile capire prima, intuire in anticipo quale sia la vera sostanza di cui è fatta la vita?

Mi domandavo quale terribile gioco del fato potesse volere che la maggior parte di noi sia destinata a non trovare mai la chiave che apre l'anima e che permette di godersi l'unica cosa che davvero possediamo: la nostra esistenza.

Mi resi conto che quello che mancava in molte delle persone con cui interagivo, e forse almeno in parte anche in me, era il vivere a pieno, l'essere in grado di creare quella condizione di vita che permette di raggiungere più salute, un grado più elevato di prestazione ma soprattutto la felicità.

E così da lì iniziò per me un percorso di cambiamento prima di tutto a livello personale e solo successivamente professionale. Decisi che non mi sarei limitato a fare il medico e il divulgatore ma che avrei iniziato a lavorare su un altro piano, quello del cambiamento personale, aiutando le persone ad aprire gli occhi e a vedere le opportunità immense che a volte non cogliamo perché nascoste negli anfratti di un'esistenza magari complicata o a volte semplicemente banale. Questo richiese una formazione nuova e più approfondita in questo senso, che mi permettesse di trovare risposte alle domande che mi ritornavano continuamente in mente: perché la maggior parte di noi spera ma rimane passivo? Prega ma non cambia? Galleggia ma non nuota verso una meta e finisce inevitabilmente con il perdersi nella corrente?

Fa così male scavare più a fondo dentro di noi per cercare una nuova via da rendere preferibile un'esistenza superficiale?

O forse è solo una mancanza di cultura e di educazione, una paradossale situazione in cui ci viene dato un veicolo meraviglioso ma nessuno ci insegna a guidarlo?

Per questo il mio interesse, che era partito dal perfezionamento del corpo, si è via via indirizzato verso la comprensione dei meccanismi che permettono di condurre corpo e mente in modo ideale nel percorso della vita, non solo su come raggiungere i propri obiettivi di salute ma soprattutto su come usare la salute per creare armonia, serenità, prestazione e felicità. Per arrivare forti fino alla fine, per affrontare la morte con un sorriso sulle labbra, curiosi di capire cosa accade dopo e consapevoli che si è dato tutto quello che, in questa vita, si poteva dare.

Iniziavano a interessarmi sempre di più quelle soluzioni

operative e pratiche che si potevano inserire immediatamente nella vita di tutti i giorni, mia e degli altri.

Le pratiche, le abitudini, gli atteggiamenti mentali che potevano fare la differenza davvero nel determinare felicità o tristezza, successo o fallimento, salute o malattia. Mi era parso molto bello che anche in questo settore ci fossero studi e ricerche a poterci indirizzare nel modo migliore.

Come disse lo scrittore francese André Gide, "non si possono scoprire nuovi oceani se prima non si ha il coraggio di allontanarsi dalla riva".

Allontanarmi dalla riva. Ecco cosa avevo fatto. Ero partito con il bagaglio di studi e di esperienze nel campo della medicina per andare a scoprire più a fondo come si cambia la vita delle persone in meglio.

Non era una fuga ma una spedizione, una partenza decisa a tavolino e dettata dall'esigenza di aprire nuove rotte e scoprire nuovi territori.

Questo libro, oltre ad essere il mio personale diario di quell'esplorazione, spero sia stato utile a crearti una ricetta capace di darti più forza interiore per affrontare il tuo viaggio.

Appendice
I fondamenti di una vita sana

Negli anni ho scritto molto sulla salute, sulla nutrizione, sull'integrazione alimentare, sull'importanza della gestione dello stress. Ho dedicato libri interi a queste tematiche, ottenendo un grande successo di pubblico e influenzando così per il meglio molti lettori. Il mio sito è ormai visitato da migliaia di persone al giorno, così come la mia pagina Facebook.

Questo libro però è nato in modo diverso, con lo scopo di fornire gli strumenti migliori per sviluppare forza interiore, ossia quella variabile capace di fare un'enorme differenza nella vita delle persone, in termini non solo di salute ma anche di felicità.

È ovvio infatti che per quanto uno curi la sua alimentazione, faccia sport e gestisca lo stress al meglio, la vita presenta sfide, difficoltà e perdite. Solo chi ha la forza interiore per affrontare le tempeste dell'esistenza a testa alta, per continuare a crescere invece di accettare di soccombere sotto il peso degli anni, potrà veramente arrivare alla fine sereno, soddisfatto e ricco, non tanto di beni materiali, quanto di emozioni positive.

Tuttavia, per i nuovi lettori, mi pare logico e corretto dedicare dello spazio agli aspetti più basilari del vivere bene, a quelli che io chiamo i quattro fondamenti di una vita sana e di cui ho parlato estesamente altrove.

In questa sezione cercherò di riassumere tante delle cose di cui parlo da anni e che riguardano i temi centrali del mantenimento della salute. Per chi conosce già il mio approccio sarà comunque un utile ripasso!

Come accennato, i quattro fondamenti di una vita sana sono nutrizione, integrazione alimentare, allenamento fisico e tecniche di gestione dello stress e meditazione. Per ognuno di essi esistono alcune semplici ma potenti conoscenze di cui appropriarsi.

Per approfondire e imparare molto di più sui quattro fondamenti di una vita sana (figura 12) e su come cambiare in meglio la tua esistenza, scopri il sito e i corsi online su: www.filippo-ongaro.it.

Il destino nelle nostre mani: l'epigenetica

Per molte decadi e fino a pochi anni fa si riteneva che il DNA racchiudesse un quadro completo del nostro destino. Il Pro-

Figura 12 I quattro fondamenti di una vita sana

getto Genoma umano, finalizzato a decodificare l'intero codice genetico della nostra specie, ha contribuito invece a trasformare radicalmente questa idea.

Il nostro codice genetico, che stimavamo fosse composto da milioni di geni in virtù dell'estrema complessità biologica dell'essere umano, risulta invece essere costituito da meno di 20.000 geni, un numero nettamente inferiore a quello di un semplice verme o perfino di un chicco di riso. Inoltre, tra individui differenti, il nostro DNA è per il 99,9% sovrapponibile e per il 90% è identico a quello di un moscerino. Insomma, la nostra complessità non può essere racchiusa nella struttura dei nostri geni. Quello che si è scoperto, e che era del tutto imprevedibile, è che i geni possono essere accesi e spenti in una serie sostanzialmente infinita di combinazioni. In altre parole il DNA è come un alfabeto che, con un numero limitato di lettere, può comporre una serie quasi infinita di parole. La nostra funzionalità è quindi legata ai meccanismi di regolazione del DNA e non alla sua struttura. Mossa vincente della natura che vede come meno rischioso proteggere l'evoluzione della specie tramite numerosi meccanismi di regolazione flessibili piuttosto che scommettere su una struttura rigida e per questo esposta ai danni.

L'epigenetica è la scienza che studia questi meccanismi di regolazione e che cerca di analizzarne il ruolo nel mantenimento della salute e nella genesi della malattia.

Rispetto ad una visione che ipotizzava che tutto fosse già in qualche modo scritto, oggi sappiamo che il nostro destino dipende solo in parte da mamma e papà e in maniera determinante da noi. L'epigenetica, infatti, ci insegna che a determinare l'integrità dei meccanismi che mantengono la regolazione della funzionalità dei geni (espressione genica) ci sono prima di tutto le informazioni che vengono dall'esterno. Cibi che mangiamo, livelli di attività fisica, inquinamento ambientale e gestione dello stress sono fattori fondamentali per mantenere in salute le nostre cellule e il nostro organismo.

Figura 13 I meccanismi dell'epigenetica

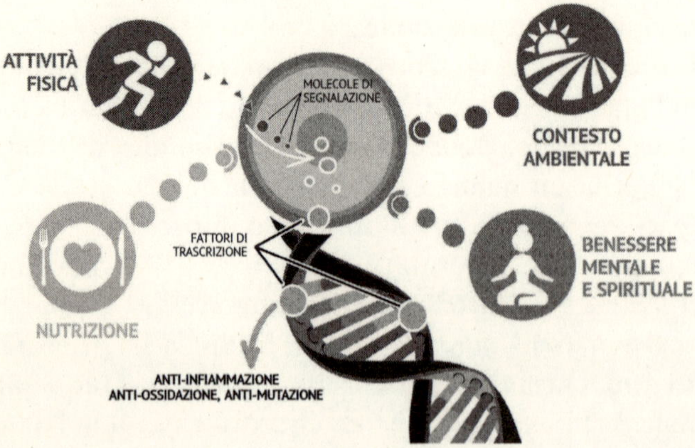

Se questi fattori sono dosati correttamente, il corpo sarà protetto da quei meccanismi di danneggiamento dati per esempio dall'infiammazione, dallo stress ossidativo o dall'incapacità di gestire l'accumulo di mutazioni (vedi figura 13).

Oggi possiamo quantificare in modo piuttosto preciso da cosa dipende la nostra salute:

- 50% dai comportamenti che adottiamo ogni giorno;
- 20% dalle predisposizioni genetiche con cui nasciamo;
- 20% dalla qualità dell'ambiente in cui viviamo;
- 10% dall'accesso alle cure mediche.

I punti 1, 2 e 3 sono in qualche modo influenzati dall'epigenetica in quanto rappresentano la costante interazione tra predisposizioni di base e informazioni che forniamo al DNA tramite le nostre scelte di vita. Per di più quando la cellula si replica, viene fatta una copia dei meccanismi epigenetici. Per questo oggi si ritiene, come dimostrato da diversi studi, che anche molte delle informazioni epigenetiche possano essere ereditate e che le molecole di regolazione che dipendono direttamente dalle nostre scelte in termini di stili di vita non influenzino solo il nostro organismo, ma anche la genetica e la vita dei nostri figli. In ultima analisi non c'è da stupirsi se la sedentarietà ci fa male, lo stress ci danneggia, il cibo ipercalorico e artificiale ci fa ingrassare. Si tratta semplicemente di informazione errata per il nostro DNA, dati che non riesce a processare e a comprendere e che finiscono con alterare la nostra salute.

Nutrizione potenziativa

La nutrizione rappresenta un aspetto fondamentale della regolazione epigenetica. In una vita media di circa ottant'anni una persona finisce con il mangiare qualcosa come trenta-quaranta tonnellate di cibo, un'immensità. Se questi alimenti sono inadatti è un po' come fare un pieno alla propria macchina con un carburante sbagliato: il motore si danneggia.

Il corpo umano ha un'incredibile capacità di adattamento che lo rende infinitamente più resistente e affidabile di un motore. Tuttavia questo in un certo senso è anche una trappola. Non possiamo infatti accorgerci immediatamente del carburante sbagliato. In fondo si tratta di cibo che ci piace e che non causa immediate ripercussioni sulla nostra salute. Ecco allora che continuiamo ad assumerlo e a volte andiamo avanti così fino a quando è troppo tardi. Il cibo, da fonte di vita tanto preziosa quanto scarsa, è diventato, in epoca moderna, causa di dipendenza, malattia e perfino morte. Ma il cibo giusto può darti quello di cui hai bisogno per rimanere sano, per aumentare la tua prestazione, per lavorare meglio ed essere più felice.

Ma cosa vuol dire cibo giusto? Negli ultimi anni sono emerse molte teorie e molte tendenze, alcune sensate, altre no. La ricerca sulla nutrizione è molta, ma spesso di qualità non ottimale. Nella maggior parte dei casi i dati sono estrapolati da grandi studi di osservazione e non da veri esperimenti e quindi non permettono di capire la causa specifica di alcuni effetti.

In mezzo a questa confusione occorre ripartire dalle cose essenziali e chiare e costruire un modello nutrizionale che non punti solo a evitare il peggio ma che abbia come obiettivo di rafforzare e potenziare il corpo. Questa è l'essenza di ciò che io chiamo Nutrizione Potenziativa™.

Un punto di partenza essenziale da comprendere è che l'essere umano è e rimane onnivoro. Non sono certo un sostenitore degli allevamenti intensivi né tantomeno amo vedere gli animali soffrire. Ma non posso per questo accettare l'invenzione di una nuova biologia fondata su fantasie invece che sulla scienza dell'evoluzione. Che piaccia o no, noi siamo diventati la specie più evoluta del pianeta anche grazie all'introduzione di proteine e grassi di origine animale che ci hanno permesso di crescere più forti e intelligenti. Dobbiamo certamente impegnarci tutti a costruire un futuro alimentare più sostenibile ma non possiamo per questo stravolgere la nostra natura. Dobbiamo pensare ai danni degli allevamenti intensivi e a quelli di un'agricoltura diventata altrettanto intensiva e dannosa per il pianeta. Dobbiamo preoccuparci tanto dei prodotti animali inquinati quanto di quelli agricoli pieni di sostanze chimiche. Non sarà facile superare il modello attuale. Ma nel frattempo non posso non continuare a ribadire che una dose corretta di proteine sane sia essenziale per tutti noi. In sostanza proteine, grassi e carboidrati sono tutti importanti e fondamentali. Le cosiddette proteine vegetali sono in realtà alimenti ricchi di carboidrati, con una buona dose di proteine ma carenti di alcuni aminoacidi. Il classico suggerimento di completare il profilo di aminoacidi dei legumi mangiandoli assieme ai cereali integrali porta inevitabilmente ad un'assunzione eccessiva di carboidrati.

Ma mangiare sano non è poi così difficile se si seguono le dieci regole base della Nutrizione Potenziativa™:

1. *Utilizzare alimenti veri*: evitare il più possibile alimenti industriali, raffinati, con una lista infinita di ingredienti. Preferire sempre alimenti naturali e biologici.
2. *Mettere la verdura alla base dei pasti*: tutti sappiamo che la verdura fa bene alla salute e che dovremmo assumerne almeno cinque-sei porzioni al giorno, eppure la maggior parte delle persone la usa ancora come un contorno. Mettiamola al centro dei nostri pasti, magari anche all'inizio, in modo da ridurre poi l'assunzione di alimenti più ricchi in calorie.
3. *Usare i macronutrienti in modo intelligente*: carboidrati, proteine e grassi sono categorie molto ampie di alimenti. Occorre sapere quali assumere in modo dettagliato. Vanno bene i carboidrati da verdura, frutta, tuberi e cereali integrali, sono da evitare invece cereali raffinati e zuccheri. Per le proteine, vanno bene quelle di pesce, uova, carni magre, legumi, ma evitiamo carni grasse, insaccati, latte e formaggi in grandi dosi. I grassi sani sono quelli monoinsaturi come l'olio extravergine d'oliva, l'avocado, i polinsaturi, in particolare omega 3 dal pesce azzurro e da fonti come semi e frutta a guscio e piccole dosi di grassi saturi come il cocco. Quali alimenti usiamo nel contesto di ogni macronutriente è molto più importante della percentuale di calorie apportate dal macronutriente stesso rispetto al totale.
4. *Usare metodi di cottura poco aggressivi*: la cottura altera profondamente le proprietà nutrizionali dei cibi. È sempre preferibile usare metodi dolci di cottura con temperature più basse come per esempio il vapore.
5. *Usare più spesso possibile il piatto unico*: un piatto composto per un 50% da verdure, 25% cereali integrali o patate dolci e 25% proteine sane è un modo facile e semplice per mangiare sano.

6. *Tenere bassa l'insulina*: l'insulina è un ormone a doppio taglio. Se aumenta leggermente dopo l'attività fisica aiuta il recupero. Se invece rimane alta in generale causa accumulo di tessuto adiposo e aumento del rischio di malattie cardiometaboliche. L'unico momento dove è accettabile fare aumentare questo ormone (sempre che tu non debba perdere grasso) è subito dopo un allenamento intenso, in particolare assieme a proteine a rapida assimilazione come gli integratori di proteine isolate del siero del latte (vedi sezione su integratori).
7. *Ridurre l'apporto di glutine*: il glutine ha un potenziale infiammatorio anche in soggetti non celiaci. Per questo motivo, in un'ottica potenziativa, è prudente ridurne l'apporto usando altri cereali o altre fonti di carboidrati. Riso integrale, mais, miglio, soro o pseudocereali come grano saraceno, amaranto, quinoa sono opzioni preferibili al frumento (incluse le varietà antiche e i derivati come germe di grano, crusca, bulgur e cuscus), kamut, farro, spelta, segale, orzo e derivati come il malto.
8. *Rispettare il "timing" nell'assunzione del cibo*: gli alimenti hanno azioni diverse in base al momento in cui vengono assunti. Lo stesso cibo o pasto può avere effetti diversi in momenti diversi della giornata. In particolare dopo un'intensa attività fisica esiste una cosiddetta "finestra anabolica", un periodo di 30-45 minuti duranti i quali i muscoli aumentano drasticamente la loro capacità di assorbire nutrienti. Questa fase serve a innescare la sintesi proteica ed è un meccanismo che va sfruttato fornendo al corpo in particolare carboidrati per recuperare il glicogeno consumato e proteine a rapido assorbimento (proteine isolate del siero del latte).
9. *Usare cibi ipernutrienti ma non ipercalorici*: in natura esistono alimenti ipercalorici e ipernutrienti ma non

ipercalorici e poveri di nutrienti. Questo tipo di alimento è però il tipico prodotto dell'industria alimentare. I cibi vengono raffinati o sono di scarsa qualità in partenza (e quindi poveri di nutrienti) ma vengono arricchiti di zuccheri, grassi e anche sale per renderli buoni.

10. *Usare integratori alimentari mirati*: con l'alimentazione moderna è difficile se non impossibile adottare un'alimentazione potenziativa senza utilizzare integratori. Il fatto che, nel mondo occidentale, siano scomparse le patologie da gravi carenze nutrizionali non significa affatto che le persone assumano le quantità ottimali di nutrienti per vivere una vita a pieno.

Possiamo suddividere gli alimenti in potenziativi e depotenziativi. I primi sono la base della nostra alimentazione quotidiana, mentre i secondi rappresentano le eccezioni da assumere di tanto in tanto (figura 14).

Per avere un quadro più completo e consigli pratici per mi-

Figura 14 La piramide della nutrizione potenziativa

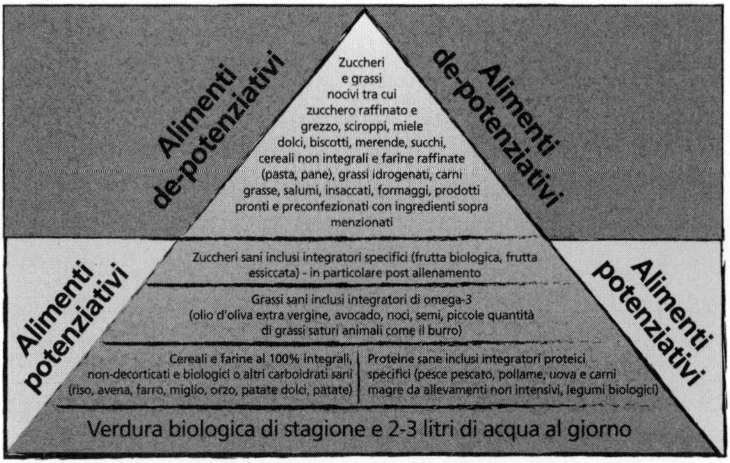

gliorare l'alimentazione tua e della tua famiglia, puoi trovare il video corso *Nutrizione Potenziativa* sul sito www.filippo-ongaro.it.

Integrazione alimentare

"La professione medica ha adottato un punto di vista molto ristretto e molto sbagliato. Una carenza di vitamina C provoca lo scorbuto, quindi se non c'è scorbuto significa che non c'è nessuna carenza. Niente può essere più chiaro di così. Il solo problema è che lo scorbuto non è uno dei primi sintomi di carenza di vitamina C ma un collasso finale, una condizione premortale ed esiste un divario enorme tra lo scorbuto e la salute ottimale." Questo ragionamento, fatto nel 1937 dallo scienziato ungherese Albert Szent-Györgyi in occasione dell'accettazione del premio Nobel per le sue scoperte sulla vitamina C, spiega tutto della necessità di usare integratori alimentari. Sono passate molte decadi e questo concetto è stato ribadito da molti altri importanti ricercatori, ma ancora sull'argomento esiste molta confusione. Spesso si sente dire che con un'alimentazione adeguata non esiste il rischio di carenze ma non si specifica mai di che tipo.

Le carenze infatti non sono solo quelle che portano allo scorbuto, alla pellagra o al rachitismo, ma anche quelle cosiddette latenti che alterano il metabolismo, accelerano l'invecchiamento e favoriscono l'emergere di malattie cronico-degenerative. Anche una mera sufficienza potrebbe non bastare a mantenere un'elevata prestazione nel corso degli anni. Per questo motivo, quando si parla di integrazione alimentare, sarebbe necessario prendere in considerazione le quattro situazioni riportate nella figura 15.

In una situazione ideale ogni integratore alimentare dovrebbe essere prescritto da un medico esperto in materia e

Figura 15 Dall'ottimalità alla carenza grave

sulla base delle necessità individuali. Queste andrebbero identificate attraverso una buona anamnesi, che contempli anche domande specifiche sullo stile di vita, e una serie di esami di laboratorio specifici. Purtroppo tutto ciò accade molto di rado in quanto la dimestichezza e familiarità della classe medica con questi importanti strumenti di benessere è ancora molto limitata. Esistono molte raccolte di informazioni sugli integratori, un numero enorme di manuali con consigli di utilizzo. Io stesso ne ho elencati i principali in altri miei testi. Qui voglio affrontare il problema da un punto di vista differente. Prendiamo in considerazione alcuni processi che vogliamo tenere a bada nel corso degli anni e vediamo quali nutrienti o fitoterapici possono esserci utili a questo scopo:

- **Infiammazione**: si tratta di un processo fondamentale che ci ha aiutati, nella lunga strada della nostra evoluzione, a gestire meglio le infezioni e le ferite. Se il meccanismo si accende e si spegne a necessità non crea problemi. Se invece diventa cronicamente attivo logora i nostri tessuti e favorisce lo sviluppo di numerose malattie cronico-degenerative. Il primo fattore per regolare in modo corretto l'infiammazione è la dieta. Un'alimentazione come quella descritta sopra esercita un'azione antinfiammatoria. Se poi la arricchiamo di acidi grassi polinsaturi omega 3 con elevate dosi di pesce azzurro e di spezie diamo un contributo ulteriore alla regolazione dei processi infiammatori. Un'aggiunta di 1 grammo circa di omega 3 nella forma di integratori dà un'ulteriore spinta nella direzione giusta.

- **Ossidazione**: si tratta anche in questo caso di un meccanismo essenziale, un'inevitabile conseguenza del metabolismo energetico a livello cellulare. La produzione di radicali liberi è anche di ulteriore supporto alle nostre difese contro agenti nocivi esterni. Tuttavia, se la loro presenza è eccessiva rispetto alle capacità degli antiossidanti di contrastarli, si crea uno squilibrio potenzialmente dannoso per le nostre cellule. Gli antiossidanti dobbiamo attingerli in particolare da dosi abbondanti di verdura, dalla frutta e dalle spezie, ma la loro presenza può essere ulteriormente potenziata con l'uso di integratori mirati come il coenzima Q10 nella forma di ubichinolo a 50-100mg al giorno o l'acido alfa lipoico nel dosaggio di 400-800mg al giorno.
- **Glicazione**: è il legame di zuccheri circolanti alle proteine del nostro corpo che ne altera la conformazione e la funzionalità. La prima regola per contrastarla è eliminare dall'alimentazione quotidiana zuccheri e cereali raffinati e non esagerare con il consumo di frutta. Poi si possono aggiungere integratori a base di cannella e ancora acido alfa lipoico che hanno azione anti-aglicante.
- **Immunodeficienza**: un corretto funzionamento del sistema immunitario è uno dei presupposti per essere protetti da attacchi esterni come batteri e virus ma anche da quelli interni come cellule tumorali. Una disfunzione del sistema immunitario è coinvolta in numerose patologie tra cui quelle auto-immuni in cui il sistema

immunitario stesso aggredisce le strutture del nostro organismo per errore. La vitamina D è un fondamentale regolatore del sistema immunitario di cui oggi siamo molto spesso carenti. Dovremmo prendere più sole, ma questo non è sempre possibile né tantomeno privo di rischi. Allora integrare con vitamina D3 è spesso indispensabile. Se non viene prescritta da un medico a fronte di specifiche analisi di laboratorio, è necessario assumerne una dose moderata attorno alle 1000-2000 UI.

- **Stress**: nessuno oggi può dirsi completamente estraneo allo stress. Anzi, la parola stessa è talmente nota e utilizzata da non suscitare nemmeno più grande interesse. Eppure moltissime ricerche confermano che lo stress cronico ci fa ammalare. Gestire lo stress è possibile se si imparano e si adottano con regolarità tecniche di rilassamento come la meditazione, la *mindfulness*, lo yoga, il tai chi o il training autogeno. Sul piano degli integratori possono essere molto utili le piante adattogeniche tonificanti come il ginseng, la rodiola, l'eleuterococco o quelle calmanti come la whitania (o ashwagandha) o la teanina. Questi fitoterapici possono essere utilizzati a cicli, in particolare quando si è esposti a periodi di stress particolarmente intensi.

- **Sarcopenia**: a partire dai trent'anni circa, ogni anno, inesorabilmente, perdiamo massa muscolare. Questo si traduce in una progressiva alterazione metabolica endocrina che è uno dei fattori d'innesco dell'invecchiamento e delle patologie cronico-degenerative. Mantenere una muscolatura sana e forte non è un vezzo per palestrati ma uno dei capitoli principali di un approccio potenziativo che mira non tanto a far vivere a lungo quanto a fare vivere bene fino alla fine. Oltre ovviamente ad un regolare allenamento fisico con sovraccarichi adeguati (pesi, per esempio), i muscoli necessitano di un apporto adeguato di proteine nobili alimentari (pesce, uova, carni magre). Inoltre, in particolare subito dopo gli allenamenti, sono molto utili gli integratori di proteine isolate del siero del latte che hanno un valore biologico molto alto e una velocità di assorbimento tale da sfruttare al meglio la finestra anabolica. Il dosaggio varia da persona a persona in base al peso corporeo, al carico di lavoro e all'apporto alimentare di proteine. In genere si va da un minimo di 10 grammi ad un massimo di 30, da assumere immediatamente dopo l'allenamento.

- **Regolazione metabolica**: il metabolismo è costituito da una serie enorme di reazioni biochimiche che devono essere costantemente regolate e calibrate. Le vitamine sono dei fondamentali co-fattori nelle reazioni biochimiche e quindi il loro apporto deve essere abbondante e regolare. Non è sempre facile garantire questo attraverso il cibo. La vitamina C per esempio si inattiva a 40 °C e quindi scompare in quelle verdure che magari ne sono ricche, ma che devono essere cotte. Per questo utilizzare un buon multivitaminico può essere un vantaggio. L'ideale è scegliere un prodotto ad ampio spettro e con dosaggi non altissimi, meglio se arricchito di fitonutrienti naturali.

Allenamento fisico

È molto complesso riassumere in poche pagine un approccio intelligente all'allenamento fisico. Ci vorrebbero volumi interi, perché le variabili da prendere in considerazione sono davvero molte.

Attività e allenamento non sono infatti sinonimi. Se per avere un minimo di effetto preventivo per la maggior parte delle malattie è sufficiente evitare la sedentarietà e muoversi, per ottenere il massimo dal proprio potenziale occorre seguire una serie di regole. In ottica non di miglioramento di una specifica prestazione sportiva ma di potenziare salute e benessere, ci sono almeno tre aree che vanno curate in un piano completo di allenamento fisico:

- *Mantenimento della massa e forza muscolare*: con il passare degli anni tendiamo a perdere una parte sostanziale della nostra muscolatura e questo a sua volta causa una serie di ripercussioni a livello metabolico ed endocrino. Per certi aspetti si potrebbe addirittura dire che la perdita di massa muscolare (in termini medici sarcopenia) è uno dei fattori che innesca il processo di invecchiamento. Per mantenere una muscolatura tonica e forte è necessario allenare i muscoli in modo specifico con sovraccarichi adeguati. Pesi, macchine, elastici o anche corpo libero se adeguatamente utilizzato sono indispensabili per creare quello stimolo che porta il muscolo a rafforzarsi. Questi allenamenti possono essere affrontati per singoli distretti muscolari o con tecniche che coinvolgano simultaneamente vari muscoli. Cosa sia meglio dipende dagli obiettivi, ma in entrambi i casi vanno garantiti sufficienti spazi di recupero tra un allenamento e l'altro. Uno stesso muscolo non deve essere coinvolto in altri sforzi simili dopo un allenamento per circa 48 ore.
- *Mantenimento della capacità cardio-polmonare e della resistenza*: le attività di durata piuttosto lunga e con ritmo continuativo o variato sono particolarmente utili per mantenere sano ed efficiente il nostro apparato cardio-polmonare. Corsa, nuoto, bici, camminate veloci sono ottimi metodi per garantirsi una salute ottimale di cuore, polmoni e arterie. Tradizionalmente questi sport vengono visti come di lunga durata e continuati-

vi (senza pause) ma in tempi più recenti sono diventati popolari vari protocolli ad alta intensità che permettono di ottenere ottimi risultati con allenamenti relativamente brevi. In questo caso ovviamente la capacità di generare un'intensità sufficiente diventa determinante e quindi sono tipologie di allenamento più adatte ad atleti evoluti e a persone in forma.

- ***Mantenimento della flessibilità, della mobilità articolare e dell'agilità***: spesso è l'elemento trascurato anche dalle persone sportive e quasi sempre diventa un problema con il passare degli anni. Mantenere una buona flessibilità è anche fondamentale per evitare gli infortuni. Stretching, Pilates, Pancafit e Tacfit sono esempi di allenamenti che lavorano in particolare su questi aspetti. Il Tacfit, nato per ottimizzare la forma fisica dei militari d'elite, è un allenamento capace di stimolare il corpo a 360 gradi senza l'uso di particolari attrezzi ed enfatizzando proprio gli aspetti della mobilità e dell'agilità.

Esistono poi alcuni aspetti importanti che devono essere presi in considerazione nel costruire un programma di allenamento efficace e anche nel comprendere la qualità di un allenamento proposto da un trainer.

- ***Volume, intensità, frequenza***: sono le tre variabili che possiamo manipolare per far progredire i nostri allenamenti. Il volume è il parametro quantitativo, come per esempio la durata dell'allenamento o i chilometri percorsi o il numero di serie svolte in palestra ai vari esercizi selezionati. L'intensità è il parametro qualitativo, cioè la velocità che abbiamo tenuto, i pesi sollevati o meglio il grado di sollecitazione muscolare o ancora i recuperi tra una serie e l'altra. Volume e intensità sono inversamente proporzionali. Se aumenta uno cala l'altro. La frequenza invece definisce il numero di volte in un certo periodo di tempo in cui ripetiamo un allenamento della stessa tipologia (per esempio con i pesi o aerobico nel corso di una settimana).

- ***Progressione, specializzazione, recupero***: un allenamento sempre uguale smette in breve tempo di sortire il suo effetto. È fondamentale capire che mano a mano che il corpo si adatta lo stimolo deve aumentare, altrimenti lo stimolo stesso diventa assolutamente inutile. Allo stesso modo è importante tenere presente che per ottenere uno specifico risultato occorre uno stimolo specifico e che il recupero è tanto fondamentale quanto lo stimolo stesso. Spesso ci si dimentica che è nella fase di recupero e non durante lo sforzo che avviene l'adattamento muscolare.

L'aspetto fondamentale nell'affrontare un programma di allenamento è avere degli obiettivi chiari. Infatti questi guidano la costruzione del piano a lungo termine oltre che la sua esecuzione giorno per giorno. Molte persone preferiscono i giochi e gli sport dinamici e d'azione. È comprensibile, ma occorre tenere presente che spesso queste attività non sono ben quantificabili e a volte predispongono a grandi rischi di infortuni. In sostanza, sono sport tanto divertenti quanto poco adatti ad accompagnare una persona nel suo percorso di vita in ottica preventiva e di sviluppo personale. La partita a calcetto con gli amici, la passione per lo sci alpinismo o per il kite-surf non sono da accantonare ma vanno affrontate con intelligenza, prima di tutto garantendosi sempre una preparazione atletica adeguata. In questo caso non sono infatti le attività in sé a generare la risposta di adattamento salutare che cerchiamo. Queste teniamole eventualmente come giochi che ci ricaricano, ci divertono e ci forniscono adrenalina, ma costruiamo al loro fianco quell'architettura di allenamento ragionato e logico che ci permetterà di rimanere forti a lungo.

Tecniche di gestione dello stress e della mente

Se sei arrivato fino a questo punto nella lettura di questo libro avrai sicuramente capito che considero la gestione della propria realtà interiore un aspetto di fondamentale importanza non solo per il benessere in generale ma per godersi la vita e per viverla veramente a pieno. Non credo sia possibile raggiungere uno stato di reale salute e felicità senza un lavoro costante e continuativo sulla propria dimensione interiore.

Nel mondo occidentale si tende a dare per scontato che si nasce e si muore con un certo tipo di mentalità e che questa è la conseguenza di fattori che sono completamente fuori dal nostro controllo. In realtà, come mi auguro tu abbia avuto modo di capire dalle pagine precedenti, questo non è assolutamente vero. Sebbene alcune predisposizioni individuali ci siano, appare del tutto chiaro che non sono queste a determinare la nostra realtà interiore. O meglio la determinano solo nella misura in cui noi glielo lasciamo fare.

Una vita ben riuscita si fonda su un profondo controllo della sfera mentale ed emotiva, non su una repressione delle emozioni ma, al contrario, su una loro valorizzazione in modo da viverle senza diventarne però succube. Le strade per raggiungere questo stato sono varie e non univoche. Ne ho descritte molte nelle pagine precedenti e nella gamma di opzioni ognuno di noi dovrebbe trovare la sua modalità preferita, quella che gli risulta più naturale.

A volte sono necessari dei passi in più e in questo senso il lavoro con un coach esperto e capace può fare una grande differenza. Il coaching, se eseguito con serietà e rigore, è un lavoro che porta la persona a cambiare prospettiva e dunque modalità operative molto velocemente. Permette di assumere punti di osservazione diversi e di essere così in grado di vedere soluzioni fino a poco prima invisibili. Se al coaching vengono abbinate alcune delle tecniche descritte nel libro, come tenere un diario e meditare, i risultati diventano ancora più stabili e profondi.

Negli anni ho avuto modo di approfondire molte tecniche diverse di coaching. Mi sono formato presso la scuola di Giorgio Nardone, fondatore della terapia strategica breve e massimo esperto di problem solving. Mi sono certificato in coaching strategico presso il centro fondato dalla psicoterapeutca Cloé Madanes e dal coach più famoso al mondo, Anthony Robbins. Questo mi ha permesso di acquisire delle conoscenze approfondite e di inserirle nel bagaglio di competenze biologiche e mediche che ho acquisito negli anni. Così è nato il Biobehavioral Coaching®, ossia il coaching biocomportamentale. L'aver fuso nel tempo elementi di psicofisiologia e neurobiologia con aspetti del coaching strategico ha dato vita ad un metodo che prende in considerazione ogni aspetto dell'individuo: biologico, psicologico, emotivo e comportamentale.

Il coaching biocomportamentale

Il Biobehavioral Coaching® (coaching biocomportamentale) è un metodo scientifico di coaching che aumenta la prestazione a livello individuale e di gruppo attraverso il miglioramento in parallelo di processi fisiologici, psicologici e comportamentali. I biocomportamenti sono strategie di risposta comportamentale indotti dalle richieste provenienti dall'ambiente esterno. Sono generati da specifici meccanismi neuro-fisiologici che determinano quindi la gamma di comportamenti che siamo in grado di esprimere in una determinata condizione. Il Biobehavioral Coaching® associa tecniche tradizionali di coaching strategico e stress management al biofeedback, una tecnologia che consente di capire la relazione mente-corpo e di quantificare in modo preciso i livelli di stress e il loro impatto sulla salute e la prestazione.

In termini pratici biofeedback significa utilizzare sensori

non invasivi per analizzare le risposte del corpo a diversi tipi di stimoli. Un numero di parametri complessi possono essere misurati, come la temperatura e la conduttanza della pelle, le onde cerebrali, la tensione muscolare e la variabilità della frequenza cardiaca, parametri di cui in genere non siamo consci e che sfuggono al nostro controllo. Visto che ciascun individuo risponde in maniera diversa agli agenti stressanti, questi parametri vengono utilizzati per creare un preciso profilo biocomportamentale del soggetto ed un piano personalizzato di coaching che si concentri sulle caratteristiche individuali della risposta.

Tutto ciò facilita notevolmente il processo di coaching aiutando coloro che partecipano a controllare e migliorare le proprie risposte psico-fisiologiche e l'operatore a comprendere meglio eventuali resistenze al cambiamento che a volte sono del tutto inconsce.

Il Biobehavioral Coaching® riallinea le risposte fisiologiche, psicologiche e comportamentali alle richieste ambientali e contribuisce a ottimizzare la prestazione e a migliorare il benessere a livello personale e di gruppo. I livelli di stress sono legati a come il nostro sistema nervoso decifra i segnali provenienti dall'ambiente e dagli altri in un processo che viene chiamato neurocezione. Questo processo, per lo più inconscio, comunica al corpo se la situazione è sicura oppure rischiosa e se è il caso di fidarsi delle persone con cui stiamo interagendo. Senza che noi ne siamo consapevoli, il processo di neurocezione disegna la nostra risposta biologica e comportamentale attraverso l'attivazione o la de-attivazione dello stress, il nostro allarme interno e sistema di difesa. Per questo motivo consideriamo ogni comportamento, anche il più razionale, come l'espressione finale di una serie di variabili di cui non siamo del tutto consapevoli.

Con il coaching possiamo migliorare le risposte del corpo agli agenti stressanti e stabilire una percezione di sicurezza psicologica e di fiducia che riporta la risposta da stress a livelli adeguati. Da parte loro, livelli più bassi di stress favoriscono la manifestazione di bio-comportamenti pro-sociali, ovvero della nostra naturale tendenza ad interagire positivamente con gli altri, che possiamo ulteriormente rafforzare attraverso specifici esercizi. Il risultato del percorso si può riassumere così:

- *Creare fiducia*: una sensazione di sicurezza psicologica e di fiducia in noi stessi, negli altri e nel contesto in cui operiamo è un requisito fondamentale per una vita sana, per interazioni sociali efficaci ed appaganti e per una prestazione ottimale.
- *Controllare lo stress*: il ritmo della vita moderna ci espone a continue pressioni che spesso provocano le disfunzioni a livello corporeo ed emotivo tipiche dello stress. Imparare a bilanciare questo ritmo e a controllare le nostre risposte psico-fisiche significa preservare energia, salute e prestazione ottimale.

Figura 16 Come funziona il coaching biocomportamentale

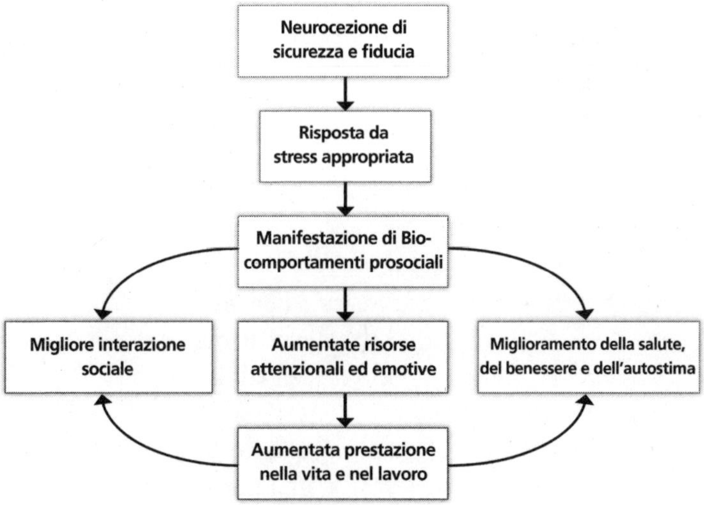

- *Aumentare la prestazione*: indipendentemente dal ruolo che abbiamo nella società e nel lavoro, ognuno di noi è felice di ottenere livelli maggiori di prestazione e di essere più efficiente ed efficace in ciò che fa nella vita e nel lavoro.

Le tecnologie e i protocolli di biofeedback utilizzati nel Biobehavioral Coaching® rappresentano un mezzo efficace e scientificamente valido per migliorare condizioni di alto stress e di ridotta prestazione e sono un importante valore aggiunto nel contesto di un programma di coaching.

Il biofeedback consente anche un preciso monitoraggio dei miglioramenti e quindi un continuo adattamento del processo di coaching alle risposte psico-fisiologiche individuali. Per esempio il passaggio ad una neurocezione di sicurezza psicologica e fiducia relativa ad una specifica situazione può essere facilmente documentata in termini di risposta neuro-fisiologica, offrendo un'opportunità unica di monitorare l'efficacia della metodologia di coaching.

Per avere un quadro più completo e consigli pratici per migliorare il tuo benessere complessivo e la tua prestazione vai sul sito www. filippo-ongaro.it.

Finito di stampare nel mese di giugno 2019
presso Grafica Veneta Trebaseleghe (PD)